Delimitação da Indenização em Operações de Fusões e Aquisições no Brasil

Delimitação da Indenização em Operações de Fusões e Aquisições no Brasil

2020

Carla Pavesi Gorescu

DELIMITAÇÃO DA INDENIZAÇÃO EM OPERAÇÕES DE FUSÕES E AQUISIÇÕES NO BRASIL
© Almedina, 2020
AUTORA: Carla Pavesi Gorescu
DIAGRAMAÇÃO: Almedina
DESIGN DE CAPA: Roberta Bassanetto
ISBN: 9786556270692

Dados Internacionais de Catalogação na Publicação (CIP)
(Câmara Brasileira do Livro, SP, Brasil)

Gorescu, Carla Pavesi
Delimitação da indenização em operações de fusões e aquisições no Brasil / Carla Pavesi Gorescu. – São Paulo : Almedina, 2020.

Bibliografia.
ISBN 978-65-5627-069-2

1. Análise econômica do direito 2. Cláusulas (Direito) - Brasil 3. Empresas - Fusão e incorporação 4. Indenização 5. Reparação (Direito) 6. Responsabilidade (Direito) 7. Responsabilidade civil I. Título.

20-39988 CDU-34:338(81)

Índices para catálogo sistemático:

Assuntos

Maria Paula C. Riyuzo - Bibliotecária - CRB-8/7639

Este livro segue as regras do novo Acordo Ortográfico da Língua Portuguesa (1990).

Setembro, 2020

EDITORA: Almedina Brasil
Rua José Maria Lisboa, 860, Conj.131 e 132, Jardim Paulista | 01423-001 São Paulo | Brasil
editora@almedina.com.br
www.almedina.com.br

AGRADECIMENTOS

A presente obra é resultado de alguns ajustes feitos à minha dissertação de mestrado em Direito dos Negócios, defendida em agosto de 2019 na Escola de Direito de São Paulo da Fundação Getulio Vargas (FGV DIREITO SP). Quando iniciei o curso de mestrado, ouvi de diversas pessoas que era preciso coragem para conciliar o curso com o trabalho em escritório de advocacia. Hoje, três anos depois, vejo que não foi coragem o que me moveu, mas sim o conforto de que eu teria uma rede de apoio em casa, com minha família e em minha vida como um todo.

Tenho inúmeros agradecimentos a fazer, mas três deles são mais que especiais. À minha mãe e ao meu pai, por sempre me apoiarem em todos os sentidos, por todos os ensinamentos de vida e por terem me dado a melhor educação possível, entre tantos outros motivos. Devo literalmente tudo a vocês. Ao meu marido, pelo apoio incondicional e pela compreensão, por topar discutir indenização comigo, apesar de ser engenheiro, por ser meu companheiro de vida e meu porto seguro. Sem vocês três, nada disso seria possível. Mesmo.

À minha família (Gorescu e Bueno), por me aguentarem falando do mestrado, pelas palavras de apoio, e em especial à minha irmã, por ter o melhor ouvido do mundo.

Às minhas amigas, por terem tido paciência comigo (e até me compreenderem em alguns momentos), por brigarem comigo quando era necessário e por me manterem atualizada e conectada ao restante do mundo.

Aos sócios do time de corporate do Lefosse Advogados, escritório do qual faço parte há 10 anos, por terem me dado a flexibilidade e o apoio de que eu precisava, no momento em que eu precisava. Aos meus amigos do escritório (os que permanecem e os que já saíram), por terem paciência de discutir comigo conceitos de direito civil e me ajudarem a chegar ao tema que deu origem à presente obra.

Aos meus colegas de mestrado, pela parceria, pela amizade e por todas as discussões jurídicas e todos os aprendizados.

Por fim, mas não menos importante, não poderia deixar de agradecer aos professores que influenciaram diretamente esta obra. À minha orientadora, a professora Mariana Pargendler, cujos questionamentos e orientação foram determinantes para o resultado deste livro. Ao professor André Rodrigues Corrêa, não apenas pelos valiosos comentários durante a banca de qualificação e a banca examinadora, mas também pelos anos de ensinamentos desde a graduação e por ter sido o professor que me fez gostar de contratos. Ao professor Mario Engler Pinto Junior, pelo apoio ao longo do curso e, em especial, na publicação deste livro. Aos professores Francisco Paulo de Crescenzo Marino e Luís Gustavo Haddad, que fizeram parte da banca examinadora, pelas importantes e pertinentes sugestões e observações.

A todos aqui mencionados, muito, muito obrigada! Espero que gostem do resultado. Boa leitura!

PREFÁCIO

A área de fusões e aquisições (tradução consagrada da sigla inglesa M&A – *mergers and acquisitions*) movimenta quantias vultosas na economia e ocupa posição proeminente nos maiores escritórios de advocacia brasileiros. No ano de 2019, o Brasil atingiu a notável posição de 4º país no *ranking* mundial dos destinatários de investimentos estrangeiros, atrás apenas dos Estados Unidos, da China e de Cingapura, segundo o relatório da Organização das Nações Unidas para Comércio e Desenvolvimento (UNCTAD). Contudo, apesar de sua inegável importância econômica e jurídica, os desafios dos advogados de consultivo de M&A no Brasil ainda não recebem tratamento adequado pela literatura.

Por aqui, como alhures, tanto o ensino do Direito como a produção acadêmica, quando se ocupam de questões práticas, tendem a enfocar a perspectiva do advogado de contencioso ou mesmo do julgador. O papel do advogado consultor de M&A é até mesmo ainda pouco conhecido e teorizado.[1] Tratamento igualmente escasso, em nosso cenário, é conferido às práticas e cláusulas adotadas nesses contratos, como as que delimitam a indenização. São essas justamente o objeto deste valiosíssimo estudo de Carla Gorescu, apresentado como trabalho de conclusão do Mestrado Profissional da FGV DIREITO SP, o qual tive o prazer e a honra de orientar.

A notória ausência de estudos é, em grande parte, produto do alto grau de opacidade que permeia as práticas contratuais de M&A no Brasil, relati-

[1] A mais conhecida exceção é o artigo seminal de Gilson, Ronald. Value creation by business laywers: legal skills and asset pricing. *Yale Law Journal*, v. 94, n. 2, p. 239-313, 1984.

vamente, por exemplo, ao contexto norte-americano.[2] Nos Estados Unidos, as companhias abertas são obrigadas a divulgar ao público seus contratos relevantes (*material agreements*), o que permite a realização de estudos sobre as práticas prevalentes naquele mercado.[3] Ao mesmo tempo, a resolução de disputas oriundas de operações de grande porte usualmente se dá pela via judicial, assim permitindo o desenvolvimento de orientação jurisprudencial segura sobre a interpretação das cláusulas comumente adotadas.[4]

No Brasil, ao contrário, inexiste obrigação de divulgação de contratos relevantes, salvo os acordos de acionistas. Crescentemente, os contratos de M&A sujeitam-se a cláusula arbitral e obrigação de confidencialidade, o que impede o desenvolvimento do direito por meio de precedentes. Para agravar a situação, uma das poucas janelas para a "*law in action*" relativa às operações de M&A no Brasil – a publicização das disputas arbitrais quando contestadas em nossos tribunais – foi aparentemente fechada pelo Novo Código de Processo Civil, o qual agora confere segredo de justiça a esses casos (art. 189, IV). A nosso ver, o dispositivo é flagrantemente inconstitucional, atentando quanto à garantia de publicidade dos atos processuais prevista pelo art. 5º, LX, da Constituição da República. Um dos efeitos deletérios concretos da nova lei, cuja constitucionalidade ainda não foi contestada em juízo, seria justamente o de impedir análises como a do caso Abengoa, objeto de riquíssimo exame por parte de Carla Gorescu em seu estudo.

Ciente das dificuldades inerentes à sua empreitada, mas disposta a superá-las em nome da relevância de sua missão, este livro apresenta as principais questões jurídicas envolvidas na redação de cláusulas contratuais que buscam delimitar o montante da indenização em operações de M&A no Brasil. As fontes são as mais ricas e diversas, partindo de exemplos concretos de clausulados, oriundos de sua ampla experiência profissional em um dos principais escritórios de advocacia da área, e alcançando a melhor literatura brasileira e internacional em matéria de dogmática jurídica e análise econômica do direito. A obra aborda também a juris-

[2] Gouvêa, Carlos Portugal; Levi-Minzi, Maurizio. Comparing the transparency of M&A practices in São Paulo and New York (trabalho não publicado, 2020).

[3] *Id.*

[4] Eisenberg, Theodore; Miller, Geoffrey. The flight from arbitration: an empirical study of ex ante arbitration clauses in the contracts of publicly held companies, *De Paul Law Review*, v. 56, p. 335-374, 2020.

prudência estrangeira, bem como oferece exame percuciente do já mencionado caso Abengoa.

O trabalho não se limita a delinear as questões jurídicas relevantes sob diferentes perspectivas analíticas, mas ainda oferece orientações concretas aos advogados de M&A no Brasil, tão carentes de estudo e diretrizes do tipo. Se, nas palavras de Ronald Gilson, o atual cenário de opacidade no Brasil conduz a verdadeiras negociações no escuro (*dealmaking in the dark*), o presente livro fornece um essencial ponto de luz, representando leitura essencial a todos os profissionais da área e estudantes que nela pretendam ingressar.

MARIANA PARGENDLER

Doutora e Bacharel em Direito pela Universidade Federal do Rio Grande do Sul. Doutora (J.S.D.) e Mestre (LL.M.) em Direito pela Yale Law School. Professora em tempo integral da Graduação em Direito, do Mestrado Acadêmico e do Mestrado Profissional em Direito da Escola de Direito de São Paulo da Fundação Getulio Vargas (FGV DIREITO SP), onde é diretora do Núcleo de Direito, Economia e Governança (NDEG).

SUMÁRIO

INTRODUÇÃO

A presente obra tem como objetivo analisar de maneira crítica as principais questões jurídicas envolvidas na redação de cláusulas de indenização em operações de fusões e aquisições no Brasil, do ponto de vista de delimitação da indenização prevista contratualmente que venha a ser devida pelo vendedor, com a exclusão de determinadas espécies de danos e a inclusão de outras, bem como de determinação de parâmetros legais e contratuais para o cálculo do valor da indenização. Para tanto, indicaremos quais são as soluções usualmente adotadas, como a cláusula pode contribuir para refletir adequadamente a vontade das partes e, ao mesmo tempo, quais são suas fragilidades à luz do direito brasileiro.

A expressão "fusões e aquisições" é utilizada na prática de mercado como uma tradução para o termo em inglês *mergers and acquisitions*[1] e compreende diferentes estruturas societárias e contratuais voltadas à combinação de negócios, ativos ou empresas. Nesse sentido, o termo "fusões e aquisições" abrange não apenas operações de aquisição ou alienação de participações societárias e ativos, como também a realização de operações societárias (como incorporações de sociedades, incorporações de ações, cisão, etc.) e operações de *joint ventures* (com ou sem constituição de nova sociedade).

Utilizaremos os termos "fusões e aquisições" ou "M&A" que, apesar de não terem sentido técnico no Brasil, são os mais empregados na prática jurídica brasileira. Para os fins deste livro, referências a "contratos de M&A" devem ser entendidas como referências a contratos de compra e

[1] Vale ressalvar que "fusão" não é a tradução em sentido técnico do termo *merger*. A tradução mais apropriada para o termo *merger* é "incorporação", ao passo que "fusão" poderia ser traduzido para o inglês como *amalgamation* ou *consolidation*.

venda de quotas de sociedade limitada ou de ações de sociedades anônimas fechadas,[2] bem como acordos de investimento por meio de aumento de capital e acordos de associação para realização de operações societárias e *joint ventures.*

Ademais, é importante esclarecer um conceito que será utilizado neste livro, que é o de fechamento da operação. O fechamento da operação ocorre apenas no momento de adimplemento da obrigação principal, mediante a efetiva transferência de participação societária (seja por meio de emissão de novas ações, criação de novas quotas ou por meio da transferência de titularidade de quotas ou ações já emitidas) para o comprador ou investidor e o pagamento do preço de aquisição (em sua totalidade ou em parte) ao vendedor ou a integralização do preço de subscrição à sociedade, conforme o caso. Esse conceito é importante porque as operações de M&A em determinados casos são realizadas em dois momentos distintos: o momento de celebração do contrato (quando surge o vínculo contratual) e o momento do fechamento, para que as partes possam cumprir com certas obrigações e para que determinadas condições[3] sejam implementadas antes da efetiva transferência de participação societária (ou subscrição, a depender da estrutura adotada) e do pagamento de ao menos parte do preço.

A cláusula de indenização em uma operação de fusão e aquisição é, sem dúvidas, uma das mais discutidas entre as partes. Como será explicado adiante, a obrigação de indenizar é uma cláusula que deve ser negociada e interpretada com a cláusula de preço de aquisição e com a cláusula de declarações e garantias,[4] pois elas, em conjunto, delimitam a extensão

[2] Não abordaremos no presente livro sociedades anônimas de capital aberto, pessoas jurídicas de direito público, empresas públicas ou sociedades de economia mista.

[3] Tais condições (referidas como condições suspensivas ou condições precedentes, em uma tradução ao termo em inglês *conditions precedent*), podem se referir tanto à necessidade de obtenção prévia de aprovações de terceiros, como órgãos reguladores (órgãos de defesa da concorrência ou agências reguladoras) e credores (como instituições financeiras), quanto à necessidade de realização de outros atos previamente à transferência de participação societária (por exemplo, uma reorganização societária prévia para segregar determinados ativos ou negócios). Vale mencionar que o fechamento de uma operação de M&A também poderá estar sujeito à não ocorrência de condições resolutivas, como eventual falência ou recuperação judicial ou extrajudicial de uma das partes.

[4] Tradução mais comum ao termo em inglês *representation and warranties*, utilizada em países do sistema de *common law*. A seção 1.2 deste livro abordará a relação entre essa cláusula e a cláusula de indenização em contratos de M&A, e a seção 1.3 discorrerá sobre as funções da referida cláusula.

da responsabilidade do vendedor por atos e fatos ocorridos previamente ao fechamento. Do ponto de vista econômico, a cláusula de indenização representa, em essência, um mecanismo de alocação de riscos entre as partes. Daí a importância de se realizar uma análise crítica sobre a forma pela qual é frequentemente estruturada e redigida.

Pretende-se, com a presente obra, contribuir de maneira prática no campo das operações de M&A no Brasil, auxiliando profissionais da área tanto do ponto de vista de definição de estratégia negocial quanto do ponto de vista de redação e estrutura contratual, para que as cláusulas contratuais reflitam adequadamente a intenção das partes com relação à delimitação da indenização. Ainda, espera-se que este livro estimule reflexões jurídicas sobre as cláusulas contratuais adotadas usualmente na área de fusões e aquisições no país, bem como o desenvolvimento de novos mecanismos ou o aprimoramento dos existentes.

Para alcançar o objetivo ora proposto, esta obra abrangerá: (i) a análise de potenciais implicações jurídicas envolvidas na redação da cláusula de indenização em operações de M&A, com base na principal doutrina brasileira a respeito dos temas relacionados, traçando um paralelo com a literatura estrangeira (e, em especial, de lições dos sistemas de *common law*); e (ii) o mapeamento de potenciais interpretações aos conceitos frequentemente utilizados em cláusulas de indenização de operações de M&A, à luz do direito brasileiro.

O presente livro está dividido em três capítulos. No primeiro capítulo, serão apresentadas algumas considerações iniciais envolvendo a cláusula de indenização em operações de fusões e aquisições. Serão analisados conceitos preliminares sobre responsabilidade civil no direito brasileiro, bem como determinados aspectos da cláusula de indenização em operações de M&A no Brasil, como as chamadas "cláusulas de exclusão e limitação de indenização", suas funções e sua aplicação na prática de mercado no país. O capítulo será concluído com uma análise do mecanismo de indenização em operações de fusões e aquisições à luz de determinados conceitos e teorias da análise econômica do direito, como forma de (i) ajudar a explicar o comportamento das partes em uma operação de M&A e (ii) justificar a estrutura e a redação das cláusulas de indenização, conforme descritas nesta obra.

No segundo capítulo, analisaremos a delimitação da indenização em operações de M&A por meio da previsão de cláusula expressa de exclusão de determinadas espécies de danos e, eventualmente, de inclusão. Para tanto, a seção inicial do capítulo irá delinear os principais aspectos envolvendo lucros cessantes, perda de uma chance, danos extrapatrimoniais e danos indiretos, para que se possa determinar o que cada uma das referidas espécies de dano significa e qual sua abrangência especificamente no contexto de uma operação de M&A. Em seguida, realizaremos uma breve análise dos requisitos de validade aplicáveis às cláusulas de limitação de responsabilidade.

Tendo em vista que a cláusula de indenização tipicamente empregada em contratos de M&A no Brasil utiliza diversos elementos extraídos do modelo contratual de países do sistema de *common law*, como EUA e Inglaterra, analisaremos também as chamadas *exclusion clauses* e os conceitos de *consequential damages, direct damages, lost profits, incidental damages, diminution in value damages, damages based on multiple of earnings* e *punitive damages*, que frequentemente são objeto de *exclusion clauses* em operações de M&A de países do sistema de *common law*.[5] Para tanto, também serão realizadas algumas considerações com relação a pontos de divergência e convergência entre sistemas de *common law* e *civil law*, relevantes para melhor compreensão do tema ora em análise.

O Capítulo 2 será finalizado com a apresentação de conclusões preliminares a respeito (i) da delimitação de responsabilidade em operações de M&A por meio não apenas da exclusão de espécies de danos, como também por uma eventual inclusão de danos que não sejam previstos expressamente em nosso sistema jurídico (como danos indiretos), bem como (ii) de recomendações que podem ser dadas para fins não apenas de redação contratual, como também para fixação de danos, considerando as lições da experiência norte-americana. Ademais, também se abordará a influência dos conceitos de interesse contratual positivo e negativo e do *duty to mitigate*, que podem (a depender das circunstâncias) servir como elementos para a delimitação de responsabilidade, fornecendo parâmetros para o cálculo do valor a ser indenizado.

No Capítulo 3, o último do presente livro, analisaremos um caso prático envolvendo uma discussão sobre dolo acidental, o caso Abengoa *vs.*

[5] Optamos por manter os termos em inglês, com destaque em itálico, para evitar que determinada tradução atribua novos sentidos ou, de qualquer modo, afete a definição pretendida pelo termo em inglês.

Ometto Agrícola, e os potenciais critérios de cálculo (legais e contratuais) para a fixação de danos no direito brasileiro. Diante da relevância do referido caso, que ganhou bastante destaque por ter sido um dos poucos precedentes no sentido de negar a homologação de uma sentença arbitral estrangeira, entre outros aspectos, optamos por realizar sua análise em duas seções distintas. Primeiramente, descreveremos os principais fatos ocorridos, desde o processo de negociação entre as partes até o indeferimento do pedido de homologação das sentenças arbitrais estrangeiras. Na sequência, examinaremos os argumentos levantados pelas partes e as decisões proferidas pelo tribunal arbitral e pelo Superior Tribunal de Justiça (STJ). Por fim, analisaremos se a interpretação dada pelo STJ no caso em questão pode afetar – e, em caso afirmativo, em que medida – a redação de cláusulas de indenização em contratos de M&A, no que tange aos critérios de cálculo do valor a ser indenizado pelo vendedor.

Diante do escopo descrito, o foco da presente obra se dará, portanto, na indenização com fundamento na responsabilidade civil contratual. No Capítulo 3, contudo, abordaremos aspectos relevantes para a fixação da indenização com base na responsabilidade civil pré-contratual, cujo regime jurídico pode vir a ser aplicável em casos que envolvam violação de dever pré-contratual de informação (que é, inclusive, um dos principais pontos discutidos no caso Abengoa *vs.* Ometto Agrícola).

1
Considerações Iniciais sobre a Cláusula de Indenização em Operações de M&A no Brasil

1.1. Retomada de conceitos básicos: a responsabilidade civil contratual e o dever de indenizar

Para que seja possível realizar uma análise crítica sobre as principais questões jurídicas envolvidas na redação de cláusulas de indenização em operações de fusões e aquisições no Brasil, é imprescindível retomar alguns conceitos preliminares a respeito da responsabilidade civil no ordenamento jurídico brasileiro.

O primeiro conceito preliminar é a definição de responsabilidade civil contratual, área na qual está inserido o tema objeto da presente obra, como uma consequência específica (também referida como dever jurídico sucessivo) decorrente da violação de um dever jurídico preexistente previsto em contrato (ou seja, o dever jurídico originário).[6]

Para os fins do presente livro, utilizaremos as terminologias mais tradicionais no estudo da responsabilidade civil, bipartida[7] em (i) respon-

[6] Nesse sentido, *vide*: DANTAS, San Tiago. *Programa de direito civil*. v. II. Rio de Janeiro: Editora Rio, 1978. p. 21-22; CAVALIERI, Sérgio. *Programa de responsabilidade civil*. 12. ed. rev. ampl. São Paulo: Atlas, 2015. p. 372.

[7] Não abordaremos as discussões envolvendo teorias acerca da unificação da responsabilidade extracontratual e contratual. A esse respeito, *vide*: MAZEAUD, Henri; MAZEAUD, Leon. *Traité théorique et pratique de la responsabilité civile délictuelle et contractuelle*. Tome III. 4. ed. Paris: Librairie du Recueil Sirey, 1947-1950. p. 987-988; e CAVALIERI, Sérgio. *Programa de responsabilidade civil*. 12. ed. rev. ampl. São Paulo: Atlas, 2015. p. 373-374. E, com relação à discussão no sistema de *common law* e à ideia do "quasi-contract", *vide*: GILMORE, Grant. *The death of contract*. Edited and with a foreword by Ronald K. L. Collins, 2nd ed. Columbus, USA: Ohio State University Press, 1995. p. 95-98.

sabilidade extracontratual, subdividida[8] em responsabilidade aquiliana (fundada na culpa), responsabilidade objetiva e responsabilidade pré-negocial (por violação de deveres de proteção pré-negociais, também chamados por alguns autores de deveres laterais[9]); e (ii) responsabilidade contratual (ou negocial). Ambas estão sujeitas ao regime geral aplicável ao inadimplemento.

Ainda no que tange à responsabilidade civil, importa destacar três aspectos que serão discutidos ao longo deste estudo. O primeiro deles é o ônus da prova da culpa, que, dentro do contexto da responsabilidade contratual, é, via de regra, invertido, visto que o devedor inadimplente é considerado presumidamente culpado. Nesse sentido, caberá ao credor demonstrar que a obrigação prevista no contrato não foi cumprida, que ele sofreu um dano e que há nexo causal entre o inadimplemento e o dano, ao passo que caberá ao devedor justificar sua culpa, demonstrando fato que possa eximi-lo de sua responsabilidade (por exemplo, caso fortuito ou força maior) ou provar que a prestação não era devida. Na responsabilidade aquiliana, por outro lado, o credor deve demonstrar a culpa do devedor, além de provar que os demais requisitos de responsabilidade civil foram atendidos.[10]

[8] Conforme classificação proposta por: MARTINS-COSTA, Judith. Um aspecto da obrigação de indenizar: notas para uma sistematização dos deveres pré-negociais de proteção no direito civil brasileiro. *Revista dos Tribunais*. n. 867, p. 11-51, jan. 2008. Acesso pela RT Online.

[9] Deveres de proteção são derivados do princípio da boa-fé, e "se diferenciam dos deveres de prestação (principais e secundários, bem como dos deveres anexos aos de prestação) por estarem voltados ao escopo de implementar uma ordem de proteção entre as partes" (MARTINS-COSTA, Judith. *A boa-fé no direito privado*: critérios para a sua aplicação. São Paulo: Marcial Pons, 2015. p. 224). Não são, portanto, deveres voltados ao interesse à prestação, mas sim à proteção, que também podem se estender para a fase pré-contratual, regulando a conduta das partes durante o processo de negociação de um contrato (*Ibid.*, p. 223-228; 418-430). Deveres de cooperação, lealdade e informação são exemplos de deveres que podem ser considerados de proteção (sem prejuízo de serem qualificados como deveres de prestação - principais, secundários ou até mesmo instrumentais - a depender das circunstâncias de cada caso).

[10] CAVALIERI, Sérgio. *Programa de responsabilidade civil*. 12. ed. rev. ampl. São Paulo: Atlas, 2015. p. 375; PEREIRA, Caio Mário da Silva. *Responsabilidade civil*. 10. ed. rev. atual. por Gustavo Tepedino. Rio de Janeiro: GZ Editora, 2012. p. 329. Para uma análise mais detalhada das distinções do regime jurídico da responsabilidade contratual e extracontratual, *vide*: MARTINS-COSTA, Judith. Do inadimplemento das obrigações. *In*: TEIXEIRA, Sálvio de Figueiredo (coord.). *Comentários ao Novo Código Civil*. Volume V, Tomo II (arts. 389-420). Rio de Janeiro: Editora Forense, 2004. p. 100-102.

O segundo aspecto refere-se ao que Sérgio Cavalieri denominou de "pressupostos" da responsabilidade contratual,[11] quais sejam: (i) existência de um contrato válido celebrado entre o devedor e o credor; (ii) ocorrência de um ilícito contratual, isto é, de um inadimplemento em sentido amplo, que compreende o inadimplemento absoluto ou relativo ou, ainda, a violação positiva de contrato; e (iii) ocorrência de um dano, com nexo causal entre ele e o ilícito contratual. Com relação ao item (i), não há por que se debruçar por ora nesse ponto, tendo em vista que contrato nulo não gera obrigação entre as partes e, portanto, não importará para a presente análise.[12]

Com relação ao item (ii), vale retomar os conceitos de inadimplemento absoluto, inadimplemento relativo e violação positiva de contrato. Resumidamente, o inadimplemento absoluto ocorre quando a obrigação não foi e não poderá mais ser cumprida, pois seu cumprimento se tornou inútil ao credor,[13] podendo ser total ou parcial, dependendo se abrange a prestação inteira ou parte dela; o inadimplemento relativo (ou mora) ocorre quando a obrigação não é cumprida no tempo, no lugar e na forma em que foi acordada pelas partes, mas seu cumprimento ainda é útil ao credor;[14] e, por fim, a violação positiva de contrato ocorre quando houver descum-

[11] Cavalieri, Sérgio. *Programa de responsabilidade civil.* 12. ed. rev. ampl. São Paulo: Atlas, 2015. p. 375-381.

[12] Vale ressalvar que um contrato nulo pode eventualmente gerar obrigação de indenizar no âmbito de responsabilidade pré-contratual (culpa *in contrahendo*), regida pelo regime da responsabilidade extracontratual. "Sistematizando as hipóteses, a responsabilidade pré-contratual abarca: (a) o injusto recesso das tratativas; (b) danos causados à pessoa ou ao patrimônio durante as negociações; (c) a conclusão de contrato nulo, anulável ou ineficaz; (d) a ausência ou defeituosidade de informações que seriam devidas e pela falta culposa de veracidade de informações prestadas; (e) falsas representações na fase das tratativas desde que culposas, não recaindo no dolo, que é abrangido por figura específica [dolo antecedente]; e (f) danos culposamente causados por atos ocorridos na fase das negociações, quando tenha sido validamente constituído o contrato" (Martins-Costa, Judith. *A boa-fé no direito privado:* critérios para a sua aplicação. São Paulo: Marcial Pons, 2015. p. 418). Ademais, os requisitos de validade da cláusula de limitação ou exclusão do dever de indenizar serão tratados na seção 2.2. Com relação a esse ponto, entendemos que a eventual invalidade da cláusula de limitação ou exclusão do dever de indenizar não acarretará a invalidade do contrato inteiro.

[13] Agostinho Alvim se refere à impossibilidade de o credor receber a prestação: Alvim, Agostinho. *Da inexecução das obrigações e suas consequências.* 5. ed. São Paulo: Saraiva, 1980. p. 44.

[14] Para um estudo mais detalhado sobre o inadimplemento de obrigações, *vide*: Benacchio, Marcelo. Inadimplemento das obrigações. *In*: Lotufo, Renan; Nanni, Giovanni Ettore (coord.). *Obrigações.* São Paulo: Atlas, 2011. p. 542-570.

primento pelo devedor de deveres de proteção (ou deveres laterais, com mencionado anteriormente).

Já com relação ao item (iii), relacionado aos "pressupostos" da responsabilidade contratual, os diferentes conceitos de "dano" e a influência das teorias de nexo causal serão objeto de análise na seção 2.1 deste livro.

O terceiro e último aspecto da responsabilidade civil que pretendemos analisar neste estudo refere-se à definição de "perdas e danos" e do termo "indenização" no contexto de operações de fusão e aquisição. Interpretando-se de maneira conjunta os art. 389 e 402 do Código Civil, é possível extrair que, no caso de inadimplemento (em sentido amplo), o devedor deve pagar perdas e danos, que compreendem danos emergentes (o que ele efetivamente perdeu) e lucros cessantes (o que razoavelmente deixou de lucrar), além de juros, atualização monetária e honorários de advogado. O detalhamento sobre o que significam danos emergentes e lucros cessantes será realizado na seção 2.1.

A indenização, em seu sentido amplo, compreende não apenas a indenização pelo equivalente pecuniário (sentido estrito), como também a reposição natural (ou reposição *in natura* ou específica).[15] Em uma operação de fusão e aquisição, apesar de o mais comum ser a indenização em sentido estrito, isto é, pela reposição do equivalente pecuniário, a reposição natural também pode ocorrer (como no caso de substituição de algum equipamento defeituoso). É possível, ainda, que as duas pretensões sejam cumuladas, nos casos em que a reparação *in natura* for insuficiente para indenizar integralmente os danos sofridos pelo credor.[16]

Importante considerar que o direito brasileiro prevê uma série de remédios voltados à tutela da posição do credor no caso de inadimplemento de obrigação contratual (em sentido amplo), como *astreintes*, cláusula reso-

[15] MARTINS-COSTA, Judith. Do inadimplemento das obrigações. *In*: TEIXEIRA, Sálvio de Figueiredo (coord.). *Comentários ao Novo Código Civil*. Volume V, Tomo II (arts. 389-420). Rio de Janeiro: Editora Forense, 2004. p. 94. Acerca das diferenças entre os termos reposição, restauração, restituição, ressarcimento, reparação e indenização, *vide*: MARINO, Francisco Paulo de Crescenzo. Perdas e danos. *In*: LOTUFO, Renan; NANNI, Giovanni Ettore (coord.). *Obrigações*. São Paulo: Atlas, 2011. p. 657-662.

[16] "A pretensão a perdas e danos corresponde, assim, a uma das modalidades de reparação, a saber, a indenização pelo equivalente pecuniário, a qual poderá, como visto, existir cumulativamente à reparação natural ou independentemente dela" (MARINO, Francisco Paulo de Crescenzo. Perdas e danos. *In*: LOTUFO, Renan; NANNI, Giovanni Ettore (coord.). *Obrigações*. São Paulo: Atlas, 2011. p. 661).

lutiva expressa ou tácita, exceção de contrato não cumprido, exercício de eventual direito de retenção e execução específica,[17] além do dever de indenizar o credor, que é o tema central da presente obra.

1.2. Cláusula de indenização em operações de M&A no Brasil: funções e aplicação na prática de mercado

Feitas as breves considerações sobre alguns conceitos relacionados à responsabilidade civil contratual no ordenamento jurídico brasileiro, passaremos a analisar determinados aspectos da cláusula de indenização em operações de M&A no Brasil. Para tanto, iniciaremos nossa análise com as chamadas "cláusulas de exclusão e limitação de indenização", que são utilizadas com frequência em contratos de M&A. Em seguida, discutiremos quais são as funções da cláusula de indenização, como elas são aplicadas na prática de mercado em operações de M&A no Brasil e em que medida é possível dispor sobre obrigações adicionais de indenizar em casos não previstos expressamente no regime jurídico geral aplicável.

Com relação às "cláusulas de exclusão e limitação de indenização", vale fazer um comentário sobre as terminologias utilizadas. Diversos são os termos empregados pelos autores para designar as cláusulas de exclusão e limitação de indenização. José de Aguiar Dias publicou um livro com o nome *Cláusula de não indenizar*, porém refere-se em diferentes passagens à cláusula de irresponsabilidade, ou, ainda, cláusula limitativa (ou de limitação) de responsabilidade, fazendo a ressalva expressa de que as partes não podem afastar contratualmente a responsabilidade, mas apenas a reparação, como consequência da responsabilidade.[18]

Antonio Junqueira de Azevedo, em parecer publicado em 2004, afirma que a terminologia correta é cláusula de não indenizar, estando incorreto, em sua opinião, o uso da expressão "cláusula de irresponsabilidade", porque a liberação contratual se dá em relação à indenização, e não à responsabilidade.[19] O autor, no entanto, utiliza a expressão "cláusula limitativa

[17] Como lembra Fábio Henrique Peres, acerca dos demais instrumentos jurídicos voltados à tutela do credor (PERES, Fábio Henrique. *Cláusulas contratuais excludentes e limitativas do dever de indenizar*. São Paulo: Quartier Latin do Brasil, 2009. p. 58-63).

[18] DIAS, José de Aguiar. *Cláusula de não indenizar*: chamada cláusula de irresponsabilidade. 3. ed. rev. Rio de Janeiro: Forense, 1976. p. 39.

[19] AZEVEDO, Antonio Junqueira de. Cláusula cruzada de não indenizar (*cross waiver of liability*), ou cláusula de não indenizar com eficácia para ambos os contratantes. Renúncia ao direito de

de responsabilidade", ou, ainda, "cláusulas exoneratórias ou limitativas de responsabilidade" em parecer mais recente, publicado em 2009.[20] Caio Mário da Silva Pereira e Sérgio Cavalieri argumentam no mesmo sentido, afirmando que a cláusula apenas afasta a reparação do dano, não eximindo o devedor de responsabilidade.[21]

Obras publicadas mais recentemente no Brasil também variam quanto à terminologia utilizada.[22] Ademais, autores estrangeiros de países de tradição de *civil law* fazem alusão ao termo "responsabilidade", ao passo que autores de países de tradição de *common law* adotam a expressão "cláusula de exclusão" (*exclusion clauses*).[23]

Para os fins deste livro, empregaremos de maneira indistinta as expressões "cláusula de exclusão e limitação de indenização", "cláusula de exclusão e limitação de responsabilidade" (ambas com suas variantes: exoneração, excludente, exoneratória e limitativa) ou, ainda, "cláusula de não indenizar". Entendemos que a terminologia utilizada não afetará as conclusões deste livro, principalmente considerando que não há efeito prático na distinção, uma vez que a indenização nada mais é que a consequência da responsabilidade (isto é, da caracterização da parte inadimplente como sujeito passivo do dever de reparar).

indenização. Promessa de fato de terceiro. Estipulação em favor de terceiros. *In*: AZEVEDO, Antonio Junqueira de. *Estudos e pareceres de direito privado*. São Paulo: Editora Saraiva, 2004. p. 201.

[20] AZEVEDO, Antonio Junqueira de. Nulidade de cláusula limitativa de responsabilidade em caso de culpa grave. Caso de equiparação entre dolo e culpa grave. Configuração da culpa grave em caso de responsabilidade profissional. *In*: AZEVEDO, Antonio Junqueira de. *Novos estudos e pareceres de direito privado*. São Paulo: Editora Saraiva, 2009. p. 427-441.

[21] PEREIRA, Caio Mário da Silva. *Instituições de direito civil*. v. II, 26. ed. Rio de Janeiro: Ed. Forense, 2014. p. 341. CAVALIERI, Sérgio. *Programa de responsabilidade civil*. 12. ed. rev. ampl. São Paulo: Atlas, 2015. p. 634.

[22] Wanderley Fernandes utiliza a expressão "cláusulas exoneratórias ou de exoneração (ou de exclusão) e de limitação (ou limitativas) do dever de indenizar" (FERNANDES, Wanderley. *Cláusulas de exoneração e de limitação de responsabilidade*. São Paulo: Saraiva, 2013. p. 33). Fábio Henrique Peres demonstra sua preferência pelas expressões "cláusulas contratuais limitativas e excludentes do dever de indenizar" e "cláusulas de não indenizar" (PERES, Fábio Henrique. *Cláusulas contratuais excludentes e limitativas do dever de indenizar*. São Paulo: Quartier Latin do Brasil, 2009. p. 54-55). Luiz Octávio Villela de Viana Bandeira adota a expressão "cláusulas de não indenizar" (BANDEIRA, Luiz Octávio Villela de Viana. *As cláusulas de não indenizar no direito brasileiro*. São Paulo: Almedina, 2016. p. 114-115).

[23] FERNANDES, Wanderley. *Cláusulas de exoneração e de limitação de responsabilidade*. São Paulo: Saraiva, 2013. p. 32.

Nesse sentido, dois pontos devem ficar claros quando da leitura da presente obra: (i) a cláusula ora em análise, independentemente da terminologia utilizada, não afeta todas as consequências advindas do inadimplemento de uma obrigação contratual, apenas a reparação do dano; e (ii) o ordenamento jurídico brasileiro diferencia em certa medida cláusulas de exclusão total de cláusulas limitativas, como veremos a seguir, e, portanto, a referência à "cláusula de não indenizar" deve ser entendida como uma referência genérica a ambos os casos.

Finalizadas as observações sobre terminologia, passemos à definição. As cláusulas de exclusão e limitação de indenização podem ser entendidas como convenções por meio das quais as partes estabelecem previamente que, de modo unilateral ou bilateral, uma das partes estará exonerada do dever de pagar indenização à outra, ou então que a referida indenização será limitada em determinadas circunstâncias.[24]

Os fundamentos tradicionalmente citados, pela doutrina e pela jurisprudência, para admissão das cláusulas de exclusão e limitação de indenização no ordenamento jurídico brasileiro são o princípio da autonomia da vontade, a liberdade de contratar e a força cogente das obrigações convencionais.[25] Tal admissão, no entanto, é realizada dentro de certos limites, que serão discutidos na seção 2.2.

É importante destacar que não há, no ordenamento jurídico brasileiro, nenhuma regra que vede a previsão de cláusulas de exclusão e limitação de indenização, ainda que elas estejam sujeitas a alguns limites. Tais dispo-

[24] Acerca das diferentes definições envolvendo as cláusulas de exoneração e limitação de responsabilidade, ver o trabalho de Wanderley Fernandes, que conclui sua análise com a seguinte definição: "[cláusulas de exoneração e limitação de responsabilidade são] convenções pelas quais as partes, em certos termos, previamente à ocorrência de um dano, excluem o dever de indenizar ou estabelecem limites, fixos ou variáveis, ao valor da indenização" (FERNANDES, Wanderley. *Cláusulas de exoneração e de limitação de responsabilidade.* São Paulo: Saraiva, 2013. p. 112-113). Vale fazer referência, ainda, à definição proposta por José de Aguiar Dias: "A cláusula ou convenção de responsabilidade consiste na estipulação prévia por declaração unilateral, ou não, pela qual a parte que viria a obrigar-se civilmente perante a outra afasta, de acordo com esta, a aplicação da lei comum ao seu caso. Visa a anular, modificar ou restringir as consequências normais de um fato da responsabilidade do beneficiário da estipulação" (DIAS, José de Aguiar. *Da responsabilidade civil.* v. II. 10. ed. Rio de Janeiro: Forense, 1995. p. 671-672).

[25] CAVALIERI, Sérgio. *Programa de responsabilidade civil.* 12. ed. rev. ampl. São Paulo: Atlas, 2015. p. 636; e PEREIRA, Caio Mário da Silva. *Instituições de direito civil.* v. II, 26. ed. Rio de Janeiro: Ed. Forense, 2014. p. 342-343.

sitivos representam uma exceção a um regime geral de responsabilidade civil, negociada entre as partes no contexto de uma relação jurídica, como instrumento de alocação de riscos (ou, como referido por José de Aguiar Dias, como uma "convenção para atribuição ou aceitação de risco").[26]

O papel, no ordenamento jurídico brasileiro, da cláusula de exclusão e limitação de indenização como exceção ao regime geral de responsabilidade é acentuado principalmente em face do princípio da reparação integral previsto no art. 944, *caput*, do Código Civil, resultante de uma autorização normativa para convencionar consequências jurídicas.[27]

Os papéis da cláusula de não indenizar referidos anteriormente (isto é, de instrumento de alocação de risco e de exceção ao princípio da reparação integral) são justamente as duas características levantadas por Wanderley Fernandes para diferenciar as cláusulas de exclusão das cláusulas de limitação de indenização. De acordo com o autor, a exoneração implica "verdadeira exceção ao princípio da reparação integral do dano"; já a limitação é apenas um atenuante ao referido princípio.[28] Outra distinção rele-

[26] "A cláusula de irresponsabilidade é uma convenção para atribuição ou aceitação de risco. É claro que, no quadro de risco, não se compreende o erro grosseiro do outro contratante. Risco só pode ser a margem de probabilidades, a álea resultante de certa situação. É a essa álea que corresponde a cláusula de irresponsabilidade" (DIAS, José de Aguiar. *Cláusula de não indenizar*: chamada cláusula de irresponsabilidade. 3. ed. rev. Rio de Janeiro: Forense, 1976. p. 216). Sérgio Cavalieri complementa esse ponto afirmando que: "Em última instância, a cláusula de não indenizar é, primordialmente, uma transação sobre os riscos nos casos em que não há expressa vedação legal [...] Sua função, por conseguinte, é alterar, nos casos não vedados em lei, o jogo dos riscos em benefício do contratante, invertendo-se os papéis" (CAVALIERI, Sérgio. *Programa de responsabilidade civil.* 12. ed. rev. ampl. São Paulo: Atlas, 2015. p. 642).

[27] "A cláusula de não indenizar, destarte, está inserida justamente nesse contexto em que o sistema jurídico confere autorização normativa para que as partes possam convencionar as consequências jurídicas da violação de deveres, designadamente, mas não exclusivamente, por meio do inadimplemento. Ela adquire especial importância ao figurar como uma exceção admitida pelo ordenamento jurídico do princípio da reparação integral, também identificado como princípio da equivalência entre os prejuízos e a indenização. A cláusula de não indenizar válida, criada por manifestação de vontade das partes, incide para que não incida o princípio da reparação integral. Ou, em outra perspectiva, a própria formatação do princípio da reparação integral em nosso sistema jurídico admite que o dever de indenizar criado pela violação de um dever seja excluído pela manifestação das partes envolvidas, a depender das circunstâncias" (BANDEIRA, Luiz Octávio Villela de Viana. *As cláusulas de não indenizar no direito brasileiro.* São Paulo: Almedina, 2016. p. 117).

[28] FERNANDES, Wanderley. *Cláusulas de exoneração e de limitação de responsabilidade.* São Paulo: Saraiva, 2013. p. 116.

vante mencionada pelo autor se dá sob a perspectiva de alocação de riscos: a exoneração representaria uma transferência total, e a limitação, um compartilhamento de riscos.[29]

Tais distinções são importantes para se ter em mente ao analisar se a cláusula negociada entre as partes apresenta os requisitos de validade que serão analisados na seção 2.2 adiante. Isso porque, apesar de o tratamento dado às cláusulas de exoneração e às cláusulas limitativas ser, via de regra, unitário, há algumas exceções, que serão discutidas na seção 2.2 e que variam caso a caso. Um exemplo de diferenciação previsto no ordenamento jurídico brasileiro é o art. 51, I, do Código de Defesa do Consumidor,[30] que estabelece que as cláusulas de não indenizar em relações de consumo são nulas de pleno direito, exceto pelas cláusulas limitativas entre fornecedor e consumidor pessoa jurídica.

Vale destacar que a maior parte da doutrina não dá maior atenção à diferenciação entre as cláusulas de exclusão e as cláusulas de limitação. Nesse sentido, José de Aguiar Dias, ao comparar ambas as cláusulas, considera a cláusula exoneratória como uma exacerbação da cláusula limitativa.[31] António Pinto Monteiro, analisando a questão do ponto de vista do direito português, chega a considerar a cláusula de exoneração como uma limitação total e cláusula de limitação como uma exclusão parcial, porém reconhece que a disciplina geral unitária não significa que as cláusulas não possam ser tratadas de modo diferente no caso a caso, admitindo até mesmo uma "atitude menos severa" com relação à cláusula limitativa.[32]

Vale ressalvar que, no contexto da presente obra, as cláusulas de indenização de operações de M&A podem representar tanto uma exclusão de responsabilidade (com relação a determinadas espécies de danos ou uma exoneração total) quanto uma limitação de responsabilidade se conside-

[29] *Ibid.*, p. 117.

[30] "Art. 51. São nulas de pleno direito, entre outras, as cláusulas contratuais relativas ao fornecimento de produtos e serviços que: I – impossibilitem, exonerem ou atenuem a responsabilidade do fornecedor por vícios de qualquer natureza dos produtos e serviços ou impliquem renúncia ou disposição de direitos. Nas relações de consumo entre o fornecedor e o consumidor pessoa jurídica, a indenização poderá ser limitada, em situações justificáveis."

[31] DIAS, José de Aguiar. *Cláusula de não indenizar*: chamada cláusula de irresponsabilidade. 3. ed. rev. Rio de Janeiro: Forense, 1976. p. 24.

[32] MONTEIRO, António Pinto. *Cláusulas limitativas e de exclusão de responsabilidade civil.* 2. reimpr. Coimbra: Almedina, 2011. p. 175-177.

rada a reparação como um todo (que poderá não incluir certos danos), como se verá nos exemplos a seguir.

Assim como outras cláusulas de contratos de M&A, a cláusula de indenização que costuma estar presente em contratos de compra e venda de participação societária e acordos de investimento no Brasil sofre bastante influência de arranjos contratuais utilizados em países que adotam o sistema de *common law*. Com o objetivo de delimitar o que é indenizável pelo vendedor, os contratos de M&A costumam prever que o comprador terá direito à indenização por qualquer dano, penalidade, perda ou prejuízo de qualquer natureza que efetivamente sofrer, com a exclusão expressa de algumas espécies de danos. Entre eles, é comum encontrar a exclusão de lucros cessantes, perda de uma chance, danos extrapatrimoniais e danos indiretos. Tais exceções inspiram-se nas exclusões de *"consequential damages"*, *"loss of profits"*, *"punitive damages"*, entre outras, que são frequentemente previstas em contratos regidos por leis de países do *common law*.

Outro ponto relevante em matéria de indenização em operações de fusões e aquisições refere-se às hipóteses de indenização. Além da indenização genérica por violação de obrigação contratual, os contratos também costumam prever duas hipóteses específicas de indenização: indenização por perdas decorrentes de violação ou imprecisão de declarações e garantias, bem como indenização por perdas decorrentes de atos, fatos e omissões referentes a passivos ou contingências com fato gerador anterior ao fechamento da operação. Para fins exemplificativos, vejamos o seguinte modelo:

Modelo 1: Cláusula padrão pró-comprador

7. Indenização

7.1. Obrigação de Indenizar dos Vendedores

7.1.1. Os Vendedores obrigam-se, de forma solidária entre si (em conjunto, "**Partes Indenizadoras dos Vendedores**"), em caráter irrevogável e irretratável, a indenizar, reembolsar, defender e isentar a Compradora, qualquer uma de suas Afiliadas ou qualquer um de seus sócios, administradores, representantes, sucessores ou cessionários (ou os sócios, administradores, representantes, sucessores ou cessionários de qualquer uma de suas Afiliadas) e a Sociedade ("**Partes Indenizáveis da Compradora**"), em relação à totalidade de qualquer Perda, incorrida por qualquer Parte Indenizável da Compradora que, direta ou indiretamente, resulte ou seja relacionada a(o):

(i) falsidade ou inexatidão de qualquer declaração prestada pelas Partes Indenizadoras dos Vendedores neste Contrato;

(ii) não cumprimento, parcial ou total, de qualquer avença ou obrigação das Partes Indenizadoras dos Vendedores e/ou da Sociedade contida neste Contrato (ou que possa ser considerada, razoavelmente, decorrência lógica ou necessária das avenças ou obrigações contidas neste Contrato);

(iii) atos, fatos, eventos, ações ou omissões ocorridas até a data deste Contrato ou cujo fato gerador seja anterior a esta data, ainda que seus efeitos somente se materializem após esta data, tenham ou não sido revelados à Compradora neste Contrato ou nos demais Documentos da Operação, ainda que constem das Demonstrações Financeiras;

[...]

"**Perda**" significa toda e qualquer obrigação, responsabilidade, encargo, despesa, desembolso (incluindo depósitos necessários à defesa de processos administrativos, judiciais (inclusive de sucumbência relacionada a processos ajuizados pela Sociedade) ou arbitrais, cauções, garantias, custas judiciais, honorários advocatícios e despesas correlatas), perda, custo, dano (incluindo dano moral e lucros cessantes), passivo, multa, penalidade ou prejuízo ou valor devido em decorrência de decisão ou acordo, decorrente de qualquer tipo de responsabilidade ou obrigação, bem como a superveniência passiva, a insuficiência ativa ou a inexistência de qualquer ativo (incluindo direitos de propriedade industrial e créditos tributários).

Associada principalmente à obrigação de prestar informações (*disclosure*) do vendedor, a cláusula de declarações e garantias é aquela em que as partes confirmam uma à outra a capacidade (jurídica e, no caso do comprador, financeira) de poder realizar a operação pretendida, bem como o vendedor informa ao comprador a situação jurídica e operacional (de uma forma geral) da sociedade objeto da operação. Desse modo, a hipótese de indenização por violação ou imprecisão de declarações e garantias (que, no exemplo citado, está refletida no item (i) da cláusula 7.1.1) visa obter reparação por aquilo que não foi informado pelo vendedor ao comprador, seja por omissão ou por prestação de informações incompletas ou deformadas e, portanto, não foi considerado pelo comprador em sua decisão de realizar a operação e na precificação das ações ou quotas.

Por outro lado, a hipótese de indenização por atos, fatos e omissões referentes a passivos ou contingências com fato gerador anterior ao fechamento da operação (refletida no item (iii) da cláusula 7.1.1 do exemplo citado) visa à obtenção de indenização por contingências cujo fato gerador tenha ocorrido anteriormente ao fechamento, ainda que seus efeitos venham a surgir após o fechamento (e que possam estar atreladas ou não a um fato, ato ou omissão que tenha sido previamente informado ao comprador).

Tais contingências podem representar: (i) uma demanda direta, isto é, uma demanda entre as partes relacionada ao vínculo contratual estabelecido entre elas, sendo mais comum a apresentação de uma demanda direta pelo comprador ao vendedor, por uma perda incorrida por ele ou pela sociedade objeto da aquisição; ou (ii) uma demanda de terceiros, isto é, uma demanda de qualquer terceiro (clientes, funcionários e fornecedores, por exemplo) contra a sociedade objeto da aquisição. Cada tipo de demanda, direta ou de terceiros, tem seu procedimento próprio de condução previsto no contrato de M&A.

A estrutura da cláusula pode variar no caso a caso. Vejamos outros exemplos de cláusulas de limitação de indenização utilizadas em contratos de M&A regidos por leis brasileiras, com base em minha experiência da prática de mercado no Brasil:[33]

Modelo 2: Cláusula de exclusão de espécies de danos, como uma subcláusula independente dentro do capítulo de indenização

Nenhuma das Partes será responsável por indenizar as Partes Indenizáveis da outra Parte por quaisquer lucros cessantes, bem como prejuízos e/ou danos indiretos, incidentais ou correlatos incorridos pela Parte Indenizável que tenha sofrido a Perda.

Modelo 3(A): Limitação da indenização por espécies de danos como parte da definição de "Perda"

"Perda" significa toda e qualquer perda, penalidade, multa ou prejuízo de qualquer natureza efetivamente sofrido ou incorrido, incluindo, sem limitação, de natureza comercial, contratual, societária, trabalhista, fiscal, ambiental, imobiliária, previdenciária, regulatória, administrativa, cambial, concorrencial, criminal, cível ou relativa a Propriedade Intelectual. Para fins

[33] Por questões de confidencialidade, as cláusulas não podem ser reproduzidas em sua totalidade. Selecionamos, porém, os trechos mais relevantes, tendo em vista o escopo do presente livro.

do presente Contrato, não serão consideradas "Perdas" os lucros cessantes, prejuízos e/ou danos indiretos, consequentes (*consequential damages*), incidentais ou correlatos incorridos pela Parte que tenha sofrido uma Perda;

Modelo 3(B): Limitação da indenização por espécies de danos como parte da definição de "Perda", com exceções mais específicas ao caso

"**Perda**" significa toda e qualquer perda, dano, gasto, desembolso, encargos, multas, pagamento, passivo ou outros custos e despesas de qualquer natureza (inclusive, sem limitação, honorários advocatícios razoáveis, custas judiciais e correção monetária), que qualquer uma das Partes e das Sociedades Adquiridas ou, ainda, quaisquer de suas Afiliadas e/ou qualquer um de seus sucessores e cessionários tenham sofrido ou nas quais tenham incorrido e efetivamente pago. Para fins deste Contrato, (i) não serão consideradas Perdas os danos indiretos e danos morais, exceto quanto aos danos indiretos e morais reclamados por terceiros; e (ii) serão considerados como Perdas exclusivamente os lucros cessantes decorrentes de atos, fatos, eventos ou omissões relacionados aos contratos celebrados entre as Sociedades Adquiridas e seus clientes, ou questões relativas aos Direitos de Propriedade Intelectual das Sociedades Adquiridas e aos Direitos de Propriedade Intelectual de Terceiros. Não será considerada uma Perda (a) a rescisão de contratos de clientes no curso normal dos negócios das Sociedades Adquiridas; e (b) a rescisão de Contratos Relevantes listados no Anexo [...] caso, após o envio pelas Sociedades Adquiridas para os Terceiros da carta solicitando referidas Anuências de Terceiros prevista na Cláusula [...], referidos Terceiros não derem referidas Anuências de Terceiros;

Modelo 4: Cláusula de limitação que exige desembolso efetivo, além de excluir um rol de espécies de danos

7.1.2. Desembolso efetivo

Em qualquer hipótese, uma Parte apenas terá a obrigação de indenizar uma outra Parte em razão de Perdas que acarretem desembolso efetivo por parte desta última. Nenhuma das Partes terá a obrigação de indenizar uma outra Parte, portanto, por eventuais prejuízos decorrentes de lucros cessantes, dano moral, dano à imagem, perda de oportunidade comercial, quebra de expectativa quanto à ocorrência de determinado evento que não constitua obrigação contratual expressa, diminuição do valor de participação societária, entre outros equivalentes. Para que não restem dúvidas, nenhuma Parte terá a obrigação de indenizar uma outra Parte em razão de Perdas sofridas pela Companhia quando tais Perdas não acarretarem desembolso efetivo de recursos por uma Parte Indenizável, ainda que a Perda sofrida pela Companhia possa reduzir o valor da participação societária na Companhia, presente ou futura, da Parte Indenizável.

Os exemplos mencionados refletem estruturas de cláusulas de indenização tipicamente utilizadas em operações de M&A. A análise desses modelos sugere que, da forma como são redigidas na prática, as cláusulas de indenização não trazem significados específicos para interpretação de determinados termos de acordo com a lei brasileira. Da mesma maneira, também não é sempre que a minuta deixa claro se as limitações à indenização se aplicam tanto a demandas diretas (como no caso de inadimplemento do vendedor de uma obrigação contratual) quanto a demandas de terceiros (como no caso de uma perda decorrente de um processo trabalhista movido por um funcionário da empresa objeto da operação de M&A).

Embora ocorram com menor frequência, nada deveria impedir que as cláusulas de indenização incluam expressamente determinadas espécies de danos em vez de excluí-los, como ocorre nos exemplos citados. Esse seria o caso, por exemplo, de prever que a indenização incluirá danos indiretos, que não é um conceito previsto expressamente em nosso Código Civil. Nesse caso, a inclusão de danos indiretos também representaria uma forma de alocação de riscos entre o comprador e o vendedor, de modo similar à cláusula de limitação de indenização por exclusão de danos, podendo ser caracterizada como uma forma de assunção de obrigação de reparar ou, até mesmo, de "agravamento de responsabilidade" em relação ao regime jurídico de caráter dispositivo previsto no Código Civil brasileiro.

É importante ressaltar que a expressão "agravamento de responsabilidade" pode ter diferentes significados. De um lado, pode ter um sentido de cláusula penal, por se referir a um pagamento em montante superior ao dano efetivamente sofrido. De outro lado, pode se referir à assunção de obrigação de indenizar em casos em que nosso ordenamento jurídico a exime ou a impõe em montante inferior como uma cláusula no sentido de que o devedor permanece responsável pelo cumprimento de suas obrigações contratuais nas hipóteses de força maior e caso fortuito, conforme previsto no art. 393[34] do Código Civil. Para os fins da presente obra, estamos considerando apenas o segundo grupo de casos, envolvendo a assunção de obrigação de indenizar quando o regime jurídico não a prevê.

Vale acrescentar que o próprio Código Civil apresenta exceções ao princípio da reparação integral, como destaca Judith Martins-Costa,[35] por exemplo, as limitações previstas no art. 750[36] sobre a responsabilidade do transportador, o poder-dever do juiz de reduzir a indenização nas hipóteses do art. 413[37] e do parágrafo único[38] do art. 944 e no caso de estipulação de cláusula penal ou, ainda, a possibilidade de indenização suplementar, nos termos do parágrafo único[39] do art. 404. Além das exceções previstas em lei, as partes também podem convencionar alterações ao regime geral de indenização, seja para atenuá-lo, seja para agravá-lo,[40] sujeito a determinados limites.

Não há, em nosso direito, a mesma abundância de livros, artigos e teses a respeito da assunção de obrigação de indenizar em casos em que o regime jurídico não a prevê, em comparação com o material disponível sobre as cláusulas de não indenizar. Entendemos, no entanto, que não há um requisito de validade aplicável especificamente para a inclusão de espécies de danos na cláusula de indenização, conforme será explicado em maiores detalhes na seção 2.2 deste livro. Há, inclusive, quem afirme que o "agra-

[34] "Art. 393. O devedor não responde pelos prejuízos resultantes de caso fortuito ou força maior, se expressamente não se houver por eles responsabilizado."

[35] Martins-Costa, Judith. Do inadimplemento das obrigações. *In*: Teixeira, Sálvio de Figueiredo (coord.). *Comentários ao Novo Código Civil*. Volume V, Tomo II (arts. 389-420). Rio de Janeiro: Editora Forense, 2004. p. 333.

[36] "Art. 750. A responsabilidade do transportador, limitada ao valor constante do conhecimento, começa no momento em que ele, ou seus prepostos, recebem a coisa; termina quando é entregue ao destinatário, ou depositada em juízo, se aquele não for encontrado."

[37] "Art. 413. A penalidade deve ser reduzida equitativamente pelo juiz se a obrigação principal tiver sido cumprida em parte, ou se o montante da penalidade for manifestamente excessivo, tendo-se em vista a natureza e a finalidade do negócio."

[38] "Art. 944 [...] Parágrafo único. Se houver excessiva desproporção entre a gravidade da culpa e o dano, poderá o juiz reduzir, equitativamente, a indenização."

[39] "Art. 404. [...] Parágrafo único. Provado que os juros da mora não cobrem o prejuízo, e não havendo pena convencional, pode o juiz conceder ao credor indenização suplementar."

[40] Nesse sentido, *vide*: (i) Gomes, Orlando. *Obrigações*. 17. ed. Rio de Janeiro: Forense, 2008. p. 189; e (ii) Fernandes, Wanderley. *Cláusulas de exoneração e de limitação de responsabilidade*. São Paulo: Saraiva, 2013. p. 100-105.

vamento de responsabilidade" no sentido em discussão é mais suscetível de ser aceito do que a limitação.[41]

No Capítulo 2, buscaremos analisar em maiores detalhes determinadas espécies de danos e em que medida sua exclusão ou sua inclusão faz sentido no contexto de uma operação de M&A. Por ora, vale considerar que, relativamente ao regime jurídico de caráter dispositivo previsto no Código Civil brasileiro, a cláusula de indenização de contratos de M&A costuma prever hipóteses de indenização que podem representar, de uma forma ou de outra, uma assunção de obrigação de indenizar em casos não previstos no regime jurídico geral aplicável. É o caso, por exemplo, quando o vendedor se responsabiliza por todos os passivos ou contingências com fato gerador anterior ao fechamento (como previsto no item (iii) da cláusula 7.1.1 refletida no modelo 1). Isso porque, pelo regime geral, as sociedades objeto da aquisição permanecem responsáveis por suas obrigações, independentemente da mudança de seus sócios ou acionistas, conforme o caso. A inclusão dessa hipótese de indenização representa, portanto, uma obrigação adicional de indenização assumida pelo devedor, que é resultado de um processo de negociação entre as partes e utilizada como instrumento de alocação de riscos.

A depender da forma como é estruturada, das hipóteses de indenização previstas contratualmente e do conteúdo da cláusula de declarações e garantias, é possível inclusive verificar que a cláusula de indenização em uma operação de M&A pode possuir uma natureza de cláusula de garantia, por meio da qual o comprador pode recorrer ao vendedor com relação a danos que venham a se materializar pós fechamento e que não são necessariamente de conhecimento das partes.

Por fim, vale acrescentar que contratos de M&A também costumam delimitar a indenização devida ao comprador com base em critérios quantitativos. De maneira resumida, é comum que os contratos prevejam: (i) um limite total e máximo ao valor da indenização devida ao comprador pelo vendedor, referido com frequência como "limite máximo" ou "teto" (*cap*); (ii) um valor mínimo para que cada demanda por indenização seja, de modo individual, considerada indenizável pelo vendedor ao compra-

[41] A autora portuguesa Ana Prata afirma que a convenção de agravamento de responsabilidade se trata de "regulação convencional do risco da prestação", ao mesmo tempo que defende a invalidade da exclusão de responsabilidade (PRATA, Ana. *Cláusulas de exclusão e limitação da responsabilidade contratual*. Coimbra: Livraria Almedina, 1985. p. 32-33).

dor, o "valor individual mínimo" (*de minimis*); e (iii) um valor mínimo a partir do qual a indenização será considerada devida pelo vendedor, também chamado de "piso" (*basket*), que pode ou não funcionar como uma franquia, sendo indenizável apenas o que exceder o valor do piso (*non tipping basket*) ou, uma vez atingido o piso, o valor total incorrido incluindo o próprio valor do piso (*tipping basket*).

1.3. O mecanismo de indenização em operações de fusões e aquisições sob perspectiva da análise econômica do direito

Como visto nas seções anteriores, com o objetivo de delimitar o que é indenizável pelo vendedor, os contratos de M&A costumam estabelecer que são indenizáveis qualquer dano, penalidade, perda ou prejuízo de qualquer natureza, excetuando expressamente algumas espécies de danos, tal como visto na seção 1.2. O objetivo desta seção é analisar o mecanismo de indenização em operações de fusões e aquisições à luz de determinados conceitos e teorias da análise econômica do direito,[42] sob uma perspectiva descritiva, com relação (i) aos problemas de risco moral e seleção adversa; (ii) à incompletude dos contratos de M&A; e (iii) à relutância das partes e dos advogados em desviar de termos considerados padrão no âmbito de operações de M&A ou, ainda, de regras supletivas previstas na legislação aplicável.

O processo de negociação entre comprador e vendedor em uma operação de fusão e aquisição é, além de custoso, bastante intenso e marcado por uma clara assimetria de informações entre as partes, em diferentes aspectos. De um lado, antes do fechamento, o vendedor é o detentor da maioria das informações da sociedade, bem ou ativo objeto da venda; de outro lado, após o fechamento, a situação se inverterá, tendo em vista que o comprador passará a ter controle do ativo e suas operações. Diante de tal assimetria de informações, foram desenvolvidos alguns mecanismos contratuais voltados à mitigação não apenas dessa questão, como também de outras falhas de mercado[43] em que operações de fusões e aquisições estão inseridas.

[42] O presente livro não tem por objetivo esgotar todos os aspectos envolvidos na análise econômica do direito contratual, tema esse que seria merecedor de um trabalho próprio.

[43] Vale resgatar a visão do renomado professor Ronald Gilson, que se refere aos advogados consultivos como engenheiros de custos de transação, que devem buscar formas de mitigar as falhas de mercado por meio de mecanismos contratuais. Entre os mecanismos contratuais

Um dos mecanismos utilizados como forma de mitigar a assimetria de informações entre as partes é a cláusula de declarações e garantias. Tal cláusula, com todos os anexos a ela relacionados, indicam todos os processos, passivos e contingências existentes, licenças, alvarás e autorizações pendentes, lista de ativos (móveis, imóveis e de propriedade intelectual), lista de contratos celebrados pela sociedade, apólice de seguros vigentes, procurações em vigor, pagamentos em aberto, tributos devidos, aspectos específicos de contabilização, aspectos sobre a condução dos negócios e titularidade sobre as ações ou quotas, bem como todos os direitos e obrigações a elas atrelados, envolvendo a sociedade ou o ativo objeto da negociação.

Associada principalmente à obrigação de *disclosure* do vendedor, essa cláusula tem diversas funções, entre as quais se destacam, para fins desta obra, seu papel de delimitar as circunstâncias em que as partes manifestaram concordância em realizar a operação, servir como componente de formação do preço e delimitar a obrigação de indenizar do vendedor.[44]

criados por advogados como respostas a falhas de mercado, Ronald Gilson destaca: (i) a cláusula de *earnout* como resposta à premissa de que todos os investidores possuem expectativas homogêneas com relação a riscos e retorno esperado (*failure of the homogeneous-expectations assumption*); (ii) a cláusula de condução dos negócios entre determinado período de tempo, por exemplo, durante o período de apuração do *earnout*, como resposta a comportamentos oportunistas da outra parte (*failure of the common-time-horizon assumption*); e (iii) a cláusula de declarações e garantias, aliada à cláusula de indenização, como resposta à assimetria informacional (*failure of the costless-information or homogeneous-retrospection assumption*) (GILSON, Ronald J. Value creation by business lawyers: legal skills and asset pricing. *The Yale Law Journal*. v. 94, n. 2, p. 255; p. 262-293, dez. 1984).

[44] Sérgio Botrel identifica outras funções para a cláusula de declarações e garantias, quais sejam: (i) servir como meio de persuadir o vendedor a disponibilizar a maior quantidade possível de informações sobre o objeto da operação; (ii) servir como elemento de decisão sobre a celebração do contrato; e (iii) servir como argumento para o comprador desistir do negócio antes do fechamento da operação (BOTREL, Sérgio. *Fusões e aquisições*. São Paulo: Editora Saraiva, 2012. p. 255). Entre tais funções, vale destacar o item (i), por ser um efeito prático da cláusula de declarações e garantias em operações de M&A, que ocorre com frequência: o comprador acaba tomando conhecimento de uma contingência nova, que não havia sido informada anteriormente durante a auditoria, durante as negociações da cláusula de declarações e garantias ou quando os anexos a ela relacionados são disponibilizados. Os motivos para essas novidades aparecerem no final do segundo tempo podem ser diversos – má-fé, escolha estratégica ou mesmo falta de organização interna. Independentemente do real motivo, novas contingências que apareçam no momento da negociação da cláusula de declarações e garantias e seus anexos atrapalham o processo de negociação e estruturação da

Tendo em vista tais finalidades, a cláusula de declarações e garantias deve ser interpretada, em especial, com a cláusula de indenização.

Como aponta Michael Klausner,[45] as partes em uma negociação de uma operação de fusões e aquisições podem enfrentar quatro fatores complexos em sua relação econômica: (i) assimetria de informação com relação à qualidade do ativo objeto da negociação (problema de seleção adversa); (ii) assimetria de informação com relação a obrigações pós-fechamento (problema de risco moral); (iii) a estrutura da operação pode causar um *hold up* potencial ou oportunismo; e (iv) a previsão de ajustes adicionais pode ser necessária em razão de mudanças exógenas que venham a ocorrer em contratos de longo prazo.

Adicionalmente, Klausner também aponta que as escolhas das partes em relação aos termos e condições de uma operação podem ser influenciadas pela possibilidade de, no futuro, estarem envolvidas em um litígio, além de refletirem incentivos ou desincentivos decorrentes de previsões legais (para obter determinado benefício ou evitar determinada desvantagem).[46]

Do ponto de vista específico da cláusula de indenização, cada parte irá buscar formas diferentes de obter maior conforto na negociação de uma operação de fusão e aquisição. O comprador, de um lado, deseja se certificar de que está protegido de eventuais contingências, ao passo que o vendedor, de outro lado, deseja estar exposto o mínimo possível (e por menos tempo possível) a eventuais indenizações. Daí surgem as mais diversas discussões sobre escopo e limitações das obrigações contratuais de indenização, principalmente considerando que, em uma venda de controle ou da totalidade da participação societária, o vendedor não terá controle sobre a gestão da empresa e dos ativos objeto da operação após seu fechamento e, portanto, poderá estar sujeito a comportamentos oportunistas do comprador,[47] que terá seu direito à indenização garantido nos termos do contrato.

minuta, passam uma impressão ruim de desorganização e aumentam os custos de transação, uma vez que tais novas contingências não fizeram parte do processo de formação de preço e do cálculo e negociação de limites quantitativos (*cap, basket, de minimis*) e demais figuras de limitação de indenização referidas na seção 1.2.

45 KLAUSNER, Michael. *A brief overview of the "deals" framework"*. Manuscrito não publicado, 2015. p. 7.

46 *Ibid*., p. 5-6.

47 Considerações a respeito de conduta do comprador e os eventuais impactos de um *duty to mitigate* no direito brasileiro serão realizadas na seção 2.4.

Como mencionado na seção anterior, as exclusões de lucros cessantes, a perda de uma chance e os danos indiretos são bastante comuns em contratos de M&A. Nesse contexto e como resultado de uma forte influência de contratos regidos por leis de países de *common law*, é frequente a utilização de determinados termos como excludentes do dever de indenizar que não tenham significado técnico em nosso direito ou, ainda, que tenham características e significados próprios distintos. É o caso, por exemplo, de referências a "danos consequentes", como uma tradução literal de *consequential damages*, e "danos punitivos", como uma tradução de *punitive damages*.

Além da discussão jurídica acerca da possibilidade ou não de excluir lucros cessantes do objeto de uma indenização contratual, a despeito do previsto no Código Civil brasileiro, bem como da análise do significado, em nosso direito, de excluir perda de uma chance, danos indiretos, "danos consequentes" e "danos punitivos", que serão tratados nos Capítulos 2 e 3 do presente livro, é importante apontar que essas cláusulas são negociadas e inseridas nos contratos sem que haja uma clareza sobre qual é seu objetivo e qual deve ser seu alcance. Os motivos para que isso ocorra são diversos. Como Mário Engler Pinto Júnior explica, a importação de modelos contratuais norte-americanos decorre tanto da enorme influência econômica e política que os Estados Unidos exercem no mundo inteiro quanto do movimento de globalização dos assessores, tanto jurídicos como financeiros.[48] Ademais, como se verá na seção 2.3 do Capítulo 2, mesmo nos Estados Unidos não existe uma definição clara e precisa a respeito do significado e da abrangência das espécies de danos usualmente excluídas nas cláusulas de limitação de responsabilidade.

Dessa maneira, e também em razão da dinâmica das negociações, os contratos de M&A acabam deixando lacunas. Do ponto de vista da análise econômica do direito, a existência de lacunas em contratos ocorre por uma questão de análise de custos de transação para alocação de riscos

[48] Como esclarece o professor, tanto os advogados contribuem na disseminação das práticas contratuais norte-americanas, em razão dos estudos realizados no exterior e/ou de eventual exercício da advocacia em escritório estrangeiro, quanto os bancos de investimento, que são importantes clientes de escritórios de advocacia, têm atuação internacional e esperam o mesmo padrão contratual nos diferentes países (PINTO JUNIOR, Mário Engler. Importação de modelos contratuais. *Valor Econômico*, 27 set. 2013. Disponível em: https://www.valor.com.br/legislacao/3285322/importacao-de-modelos-contratuais. Acesso em: 7 ago. 2018).

(*ex ante*) *versus* custos de transação para a alocação de perdas (*ex post*).[49] Nesse sentido, quando o custo de negociação *ex ante* de termos explícitos for maior que o custo de a perda se materializar *ex post*, as partes preferem evitar custos de transação e, consequentemente, acabam deixando lacunas nos contratos.

Mariana Pargendler ressalta, ainda, que a teoria econômica sugere que os contratos do mundo real são necessariamente incompletos, não apenas em razão da análise dos custos de transação *ex ante* e *ex post*, como também em razão da racionalidade limitada do ser humano, que impede as partes de identificarem e negociarem todas as possíveis situações que podem vir a ocorrer no âmbito de cada relação jurídica.[50]

Adicionalmente, Ian Ayres e Robert Gertner[51] apontaram outro motivo bastante relevante para deixar lacunas em contratos: por questões estratégicas. Nesse contexto, a parte que detém mais informações pode optar por agir de maneira oportunista, deixando uma lacuna proposital.

Quando as partes deixam lacunas em seus contratos, os contratos são disciplinados pelas regras gerais previstas no Código Civil. Sob a perspectiva da análise econômica do direito, a legislação contratual reduz custos de transação e proporciona a alocação de riscos entre as partes, reduzindo o oportunismo *ex ante* e *ex post*.[52] Nesse sentido, a legislação contratual gera eficiência do ponto de vista de custos de transação. Por outro lado, a depender de seu conteúdo, a legislação contratual pode acabar impedindo as partes de acordarem termos contratuais mais eficientes para elas.

O grande ponto, com relação às questões tratadas nesta obra, é que não há um entendimento claro e pacífico, entre os advogados da área e juristas, a respeito do significado dessas exclusões em nosso direito. Na reali-

[49] SCOTT, Robert E.; TRIANTIS, George G. Anticipating litigation in contract design. *The Yale Law Journal*, v. 115, n. 4, p. 835-839; 879, jan. 2006.

[50] PARGENDLER, Mariana. The role of the state in contract law. *The Yale Journal of International Law*, v. 43:143, p. 152, 2018. Disponível em: https://cpb-us-w2.wpmucdn.com/campuspress.yale.edu/dist/8/1581/files/2018/02/143_The-Role-of-the-State-in-Contract-Law-2416e28.pdf. Acesso em: 19 jan. 2019.

[51] AYRES, Ian; GERTNER, Robert. Filling gaps in incomplete contracts: an economic theory of default rules. *The Yale Law Journal*, v. 99, n. 1, p. 94, out. 1989.

[52] SCHÄFER, Hans-Bernd; OTT, Claus. *The economic analysis of civil law*. Northampton, MA: Edward Elgar Publishing, 2004. p. 277.

dade, esse assunto não é sequer pacífico em países de *common law*,[53] tendo em vista que ainda se discute o que significa *consequential damages*, qual é seu objetivo e como esse conceito se relaciona com o precedente Hadley *vs*. Baxendale, que será objeto de estudo na seção 2.3.

Não obstante, é importante destacar que é justamente com base no precedente Hadley *vs*. Baxendale e na análise dos motivos pelos quais as partes deixam lacunas que Ian Ayres e Robert Gertner desenvolveram a teoria das regras supletivas (*theory of defaults*), como uma forma de auxiliar juízes e demais operadores do direito a interpretar contratos incompletos. Uma das teorias defendidas pelos autores é a de que as cortes e os legisladores deveriam estabelecer uma regra-padrão de interpretação (*penalty defaults*) que encoraje as partes a revelar informações entre si ou terceiros,[54] para que a negociação ocorra *ex ante*, diminuindo, assim, os custos de um litígio futuro a respeito de uma lacuna contratual.

É importante ressaltar que as teorias da análise econômica do direito a respeito de contratos incompletos são diversas e os próprios estudiosos do tema ainda não chegaram a um consenso sobre uma explicação econômica única para o direito contratual. Uma das críticas feitas por Eric Posner é a de que a análise econômica do direito contratual pressupõe uma racionalidade econômica no comportamento das pessoas, o que não necessariamente ocorre na prática.[55] Por outro lado, o papel de uma análise econômica que considere a racionalidade limitada (que é, como vimos, um dos motivos para a incompletude dos contratos) ainda é indefinido.[56]

[53] West, Glenn D. Consequential damages redux: an updated study of the ubiquitous and problematic "excluded losses" provision in private company acquisition agreements. 70 *Business Lawyer* 971, Jul. 21, 2015. Disponível em: https://ssrn.com/abstract=2597364. Acesso em: 29 ago. 2017.

[54] Essa teoria é uma das desenvolvidas pelos estudiosos da análise econômica do direito, que vai em sentido contrário ao que Ayres e Gartner denominaram de *majoritarian approach*, modelo proposto por Frank Easterbrook e Daniel Fischel por meio do qual se defende que as cortes deveriam preencher as lacunas com os termos e condições que na maioria dos casos seriam desejados pelas partes ou, em inglês, "*what the parties would have wanted*". De modo contrário, a teoria das regras supletivas proposta por Ian Ayres e Robert Gertner pode levar à conclusão de que escolher uma regra supletiva de que a maioria das partes não gostaria pode ser eficiente (Ayres, Ian; Gertner, Robert. Filling gaps in incomplete contracts: an economic theory of default rules. *The Yale Law Journal*. v. 99, n. 1, p. 90-94, out. 1989).

[55] Posner, Eric A. Analysis of contract law after three decades: success or failure? *The Yale Law Journal*. v. 112, n. 4, p. 865-867, jan. 2003.

[56] *Ibid*., p. 877.

O campo da economia comportamental pode auxiliar na análise da relutância de se prever em contrato uma disposição divergente ao que é previsto no regime legal aplicável, ou até mesmo de propor cláusulas contratuais diferentes em comparação ao que é usualmente utilizado no âmbito de determinada área, que são dois aspectos bastante relevantes para operações de fusões e aquisições por dois principais motivos. Em primeiro lugar, porque a fixação do dano em uma operação de M&A pode estar sujeita a restrições decorrentes da aplicação de regras supletivas previstas em nosso ordenamento jurídico (como o princípio da reparação integral, como veremos nos Capítulos 2 e 3 a seguir). Em segundo lugar, porque considerações sobre o que é prática de mercado e quais são os usos e costumes são pontos importantes em uma negociação de contratos de M&A e que acabam por reforçar a utilização de termos como *consequential damages* e *punitive damages*, importados de contratos regidos por leis de países de *common law* e que não têm significado técnico no ordenamento jurídico brasileiro.

Mariana Pargendler explica que há pelo menos três motivos para a relutância em se prever em contrato uma disposição divergente ao que é previsto nas regras supletivas (o que ela chama de *stickiness of default rules*), que são os seguintes: (i) a ideia de que as regras supletivas têm uma noção superior de justiça; (ii) a existência de um procedimento rigoroso para que sejam adotadas regras diferentes das regras supletivas; e (iii) o entendimento de que o viés cognitivo das partes (pelo efeito âncora e de dotação) as desencorajam a desviar de regras supletivas, quando existentes, conforme sugerido pela economia comportamental.[57]

No âmbito da economia comportamental, os vieses cognitivos das partes e dos advogados também podem ajudar a explicar a relutância em se propor cláusulas contratuais divergentes de cláusulas-padrão, como explicam Marcel Kahan e Michael Klausner.[58] O primeiro deles é chamado de viés do *status quo*, que sugere uma preferência pelo estado presente (seja

[57] PARGENDLER, Mariana. The role of the state in contract law. *The Yale Journal of International Law*. v. 43, n. 143, p. 155-156, 2018. Disponível em: https://cpb-us-w2.wpmucdn.com/campuspress.yale.edu/dist/8/1581/files/2018/02/143_The-Role-of-the-State-in-Contract-Law-2416e28.pdf. Acesso em: 19 jan. 2019.

[58] KAHAN, Marcel; KLAUSNER, Michael. *Path dependence in corporate contracting*: increasing returns, herd behavior and cognitive biases. v. 74, n. 2. Washington University Law Quarterly, 1996. p. 359-364.

na compra de um objeto novo ou na venda de um objeto que seja de sua propriedade). De modo similar, o efeito de dotação (já mencionado, também chamado de *endowment effect*) significa que uma parte está disposta a cobrar mais por um objeto de sua propriedade do que ela estaria disposta a pagar pelo mesmo objeto (se ela não fosse proprietária). Nesse sentido, as cláusulas-padrão representariam o estado presente que as partes preferem manter. O segundo viés comportamental é o efeito âncora, que significa que referências iniciais (ou âncoras) influenciam julgamentos. Dessa maneira, cláusulas-padrão causam um efeito âncora, gerando uma sensação de estabilidade e objetividade. O terceiro viés comportamental referido pelos autores é o efeito de conformidade com relação ao entendimento de determinado grupo de pessoas (por exemplo, o grupo de advogados que redigiram as cláusulas-padrão).

Vale considerar que a inclusão de uma redação falha ou incompleta na delimitação da indenização pode vir a ser benéfico ao vendedor, ainda que ele tenha ciência da fragilidade dessa cláusula, na medida em que poderá causar ao menos um atraso na resolução de uma eventual disputa em arbitragem ou processo judicial. Inclusive, se o comprador fizer uma análise dos custos de um eventual litígio contra o vendedor *versus* o eventual valor que pode vir a ser recebido a título de indenização (por exemplo, em uma disputa cujo objeto seja eventual indenização que envolva lucros cessantes pleiteados por um terceiro), é possível até mesmo que o comprador prefira nem demandar eventual indenização do vendedor.

Robert Scott e George Triantis[59] alertam justamente para o fato de que, ao discutir contratos incompletos, poucos juristas consideram os chamados *back-end costs*, ou seja, os custos relacionados ao *enforcement* do contrato, de levar o pleito a juízo ou a uma arbitragem e apresentar todas as provas necessárias. A crítica dos autores é muito válida e importante também para nosso direito: a arquitetura contratual deve considerar não apenas os *front-end costs*, como também os efeitos de um eventual litígio no futuro e todos os *back-end costs* relacionados (inclusive renegociações futuras). Para tanto, é importante que advogados consultivos consultem advogados de contencioso ao estruturar operações de fusões e aquisições.

[59] SCOTT, Robert E.; TRIANTIS, George G. Anticipating litigation in contract design. *The Yale Law Journal*, v. 115, n. 4, p. 816-817, jan. 2006.

Considerando que grande parte dos contratos de M&A estão sujeitos a arbitragem, os advogados da área acabam muitas vezes sem ter acesso a processos envolvendo direito à indenização e, consequentemente, à interpretação que é dada pelos árbitros às exclusões e aos termos que são frequentemente utilizados. A falta de uma "jurisprudência arbitral" aliada a vieses comportamentais das partes e dos próprios advogados, como mencionado, podem causar uma situação de extrema insegurança jurídica: o vendedor acredita que está mais protegido do que efetivamente está, ao passo que o comprador acredita que a definição de perda é menos restritiva do que parece.

Nesta seção, buscamos realizar um mapeamento de determinados conceitos e teorias de direito e economia no campo do direito contratual, área essa importantíssima e pouco estudada, como forma de ajudar a explicar o comportamento das partes em uma operação de M&A e os motivos pelos quais as cláusulas de indenização são redigidas da forma aqui descrita, sem a pretensão de esgotar a análise do tema. Findo esse percurso, é possível concluir que a arquitetura contratual aplicada usualmente em operações de fusões e aquisições é, em grande medida, decorrente de uma grande assimetria de informações entre as partes, um aspecto que permeia todo o processo de negociação, bem como de vieses comportamentais e da racionalidade limitada do ser humano.

Do ponto de vista econômico, o papel da cláusula de indenização em operações de M&A é o de corrigir falhas de mercado (como aponta Ronald Gilson), quais sejam: (i) o problema de seleção adversa decorrente da assimetria informacional antes do fechamento da operação, a respeito da qualidade do ativo objeto da negociação, e (ii) o problema de risco moral decorrente da assimetria informacional após o fechamento, a respeito de riscos que não eram de conhecimento das partes no momento, ou mesmo de riscos que venham a ser alterados em decorrência de condutas oportunistas do comprador. Ademais, essa mesma arquitetura contratual que busca, de um lado, corrigir falhas de mercado pode acabar sendo aplicada na prática de maneira falha, caso não considere todos os aspectos da análise econômica do direito envolvidos (por exemplo, a análise de *back-end costs* e eventuais impactos de se levar determinado pleito a juízo ou a uma arbitragem) ou caso as lacunas não sejam estudadas com maior cuidado, confrontando, inclusive, os vieses cognitivos mencionados anteriormente.

Como propõem Robert Scott e George Triantis,[60] é importante que exista um diálogo maior entre advogados consultivos e advogados de contencioso, para que seja possível buscar soluções jurídicas eficientes que mitiguem as falhas referidas e que possam ser aplicadas à prática do mercado de fusões e aquisições no Brasil.

[60] SCOTT, Robert E.; TRIANTIS, George G. Anticipating litigation in contract design. *The Yale Law Journal*, v. 115, n. 4, p. 878, jan. 2006.

2
Delimitação de Responsabilidade em Operações de M&A no Brasil

2.1. Principais danos que são objeto de negociação em cláusulas de indenização em operações de M&A no Brasil

Nesta seção, passaremos a tratar das principais espécies de danos que são usualmente objeto de negociação em cláusulas de indenização em operações de fusões e aquisições no Brasil. O objetivo é delinear os principais aspectos de cada espécie de dano para que se possa determinar o que cada uma significa e qual sua abrangência especificamente no contexto de uma operação de M&A. Serão analisadas, nesse sentido, as seguintes espécies de danos: lucros cessantes, perda de uma chance, danos extrapatrimoniais e danos indiretos.

Conceituar "dano" não é uma tarefa simples. Como afirma Judith Martins-Costa, dano não é um conceito dado, mas sim construído e situado.[61] Não é dado, visto que não está definido em nosso Código Civil, porém seu significado e sua abrangência são constantemente debatidos, construídos e delimitados pela doutrina e pela jurisprudência.

A teoria clássica relacionava o dano a um bem, ao patrimônio. É o que se chama de noção naturalista de dano, na qual se amparava a teoria da diferença de Friedrich Mommsen, pela qual o dano é calculado pela diferença patrimonial entre a situação do lesado antes do evento danoso e a situação após sua ocorrência.

[61] MARTINS-COSTA, Judith. Os danos à pessoa no direito brasileiro e a natureza de sua reparação. *In*: MARTINS-COSTA, Judith (org.). *A reconstrução do direito privado*. São Paulo: Editora RT, 2002. p. 409.

Na mesma linha da visão naturalista, Agostinho Alvim defendeu a existência de dois sentidos para dano. Em sentido amplo, dano seria a lesão de qualquer bem jurídico, o que incluiria dano moral; em sentido estrito, dano seria a lesão do patrimônio, entendido como o conjunto de relações jurídicas de uma pessoa, apreciáveis em dinheiro.[62]

A noção naturalista, no entanto, não leva em consideração reparações que não sejam monetárias. Essa visão foi então perdendo fôlego, em prol da chamada noção normativa de dano, da qual Clóvis do Couto e Silva foi um dos defensores.[63] De acordo com a noção normativa, o dano é visto como uma lesão a um interesse jurídico digno de tutela, o que significaria dizer que a finalidade da indenização é compor interesses lesados. Essa noção de interesse jurídico é importante, como destaca Clóvis do Couto e Silva, porque é ela que determina a extensão do dano a ser indenizado.[64]

As classificações para o termo propostas pela doutrina também são inúmeras. Araken de Assis classifica dano em patrimonial ou extrapatrimonial, imediato ou mediato e moral puro ou moral reflexo.[65] Já Francisco Marino entende que o termo "dano" pode aludir à lesão de um interesse, mas também à consequência da lesão (o prejuízo). Nesse sentido, o autor

[62] ALVIM, Agostinho. *Da inexecução das obrigações e suas consequências.* 5. ed. São Paulo: Saraiva, 1980. p. 172.

[63] Explicações e descrições extraídas de: COUTO E SILVA, Clovis V. do. O conceito de dano no Direito brasileiro e comparado. *In*: FRADERA, Vera Maria Jacob de (org.). *O Direito Privado brasileiro na visão de Clóvis do Couto e Silva.* Porto Alegre: Livraria do Advogado, 1997. p. 218-219; GUEDES, Gisela Sampaio Cruz. *Lucros cessantes*: do bom-senso ao postulado normativo da razoabilidade. São Paulo: Revista dos Tribunais, 2011. p. 50-51.

[64] Nas palavras de Clóvis V. do Couto e Silva: "Observe-se que o conceito de utilidade da reparação domina a responsabilidade civil de uma maneira muito ampla. O fato é que a indenização tem por finalidade a composição dos interesses lesados. [...] A importância da noção jurídica de interesse é que ela determina a extensão do dano que alguém esteja obrigado a indenizar. Se a noção de dano fosse simplesmente um conceito naturalista, seriam as leis da física que dariam as regras próprias para a fixação dos limites do dano indenizável. Entretanto, há uma noção física de dano e uma noção jurídica. Como sucede muitas vezes, a norma jurídica seleciona uma fração do fato social para transformá-lo numa situação jurídica. Alude-se a esse propósito a noção de interesse violado" (COUTO E SILVA, Clovis V. do. O conceito de dano no Direito brasileiro e comparado. *In*: FRADERA, Vera Maria Jacob de (org.). *O Direito Privado brasileiro na visão de Clóvis do Couto e Silva.* Porto Alegre: Livraria do Advogado, 1997. p. 218-219).

[65] ASSIS, Araken de. Liquidação do dano. *Revista dos Tribunais*, n. 759/1999, p. 11-23, jan. 1999. São Paulo: RT. acesso pela RT Online.

afirma a existência de dois danos, o dano-evento e o dano-prejuízo.[66] O dano-evento é qualificado pelo autor como lesão à pessoa, lesão ao patrimônio ou lesão a terceiros (dano por ricochete), ao passo que dano-prejuízo recebe a mesma classificação proposta por Antonio Junqueira de Azevedo, compreendendo o dano patrimonial, o dano moral e o dano social.[67]

A presente obra tem como foco, portanto, a análise do dano. Esse foco na análise do dano é chamada por Anderson Schreiber de "erosão dos filtros da responsabilidade civil", em que os filtros tradicionais da responsabilidade civil (culpa e nexo causal) perdem importância como óbice ao ressarcimento, ao passo que o dano sofre uma ascensão.[68] De acordo com o autor, a teoria dos danos passa então por uma expansão quantitativa e uma expansão qualitativa: a primeira em decorrência do aumento do número de ações de indenização, e a segunda pela existência de novos interesses que passam a ser merecedores de tutela.[69]

Vale destacar que a utilização do termo "espécie" neste livro é proposital. Pretende-se evitar uma interpretação que pareça defender a existência de danos que sejam tidos como típicos e danos que sejam tidos como atípicos, o que é entendido por parte da doutrina como impróprio porque a tendência mundial é justamente a de afastar a lógica da tipicidade de danos ressarcíveis, por ser um conceito em expansão.[70]

[66] MARINO, Francisco Paulo de Crescenzo. Perdas e danos. *In*: LOTUFO, Renan; NANNI, Giovanni Ettore (coord.). *Obrigações*. São Paulo: Atlas, 2011. p. 655-656.

[67] AZEVEDO, Antonio Junqueira de. Por uma nova categoria de dano na responsabilidade civil: o dano social. *In*: AZEVEDO, Antonio Junqueira de. *Novos estudos e pareceres de direito privado*. São Paulo: Editora Saraiva, 2009, p. 384.

[68] SCHREIBER, Anderson. *Novos paradigmas da responsabilidade civil*: da erosão dos filtros da reparação à diluição dos danos. 6. ed. São Paulo: Atlas, 2015. p. 85.

[69] Esses novos interesses dão causa a uma verdadeira proliferação de novas espécies de danos, na esfera de danos não patrimoniais. Alguns dos novos danos citados por Anderson Schreiber, a título exemplificativo, são: (i) nos tribunais brasileiros, dano à imagem, dano estético, dano à integridade psicofísica, dano à saúde, pedidos de dano moral por "rompimento de noivado", "separação após notícia de gravidez", "abandono afetivo" de filhos e cônjuges e dano-morte, e (ii) nos tribunais europeus, dano à vida de relação, dano pela perda de concorrencialidade, dano por redução de capacidade laboral, dano sexual, dano hedonístico, dano existencial, dano de férias arruinadas, dano de *mobbing*, dano de *mass media*, dano de processo lento, dano de brincadeiras cruéis (*Ibid*., p. 92-96). O autor, inclusive, alerta para o perigo dessa proliferação de novos danos, que pode acabar por deixar nas mãos da "criatividade do intérprete e a flexibilidade da jurisprudência" (*Ibid*., p. 96).

[70] *Ibid*., p. 92.

Giovanni Ettore Nanni, em palestra proferida no XI Congresso Internacional de Arbitragem do Comitê Brasileiro de Arbitragem (CBAr), em 14 de setembro de 2012, em Porto Alegre, RS, que posteriormente foi publicada como artigo na *Revista Brasileira de Arbitragem*,[71] busca analisar como os danos são fixados em arbitragens no Brasil. De acordo com o autor, para que um dano seja ressarcível, ele deve ser certo e direto, atual ou futuro, já que o sistema brasileiro não indeniza dano hipotético e, em sua opinião, não admite danos indiretos, exceto em situações excepcionais previstas em lei, como no dano reflexo ou por ricochete (a exemplo do art. 948, II, do Código Civil).

O Código Civil brasileiro, em seus art. 389, 402 e 403, prevê que são ressarcíveis duas espécies de danos: os danos emergentes e os lucros cessantes, que podem ser tanto presentes quanto futuros (desde que sejam certos). Dano emergente é o prejuízo efetivamente sofrido em razão do inadimplemento de uma obrigação contratual. Para que seja apurado, os seguintes fatores devem ser considerados: a situação concreta, o efeito da situação patrimonial do credor e as provas disponíveis sobre a extensão do dano.[72] Ou seja, a fixação do dano emergente é muito mais uma questão de prova a respeito das efetivas perdas incorridas ou a serem incorridas pelo credor, para que se possa verificar a extensão do dano.

Passaremos a seguir a apresentar os principais aspectos de cada espécie de dano referida, sem a pretensão de esgotar a análise do tema. Buscamos, com relação a cada espécie de dano, sistematizar os principais aspectos apontados pela doutrina (e, quando possível, pela jurisprudência) para que seja possível verificar o significado de cada dano e sua abrangência no contexto específico de uma operação de M&A.

Lucros cessantes

Lucro cessante é a "frustração do ganho" que possa ser razoavelmente provado, isto é, o que razoavelmente se esperaria ser o lucro.[73] Gisela Sampaio

[71] NANNI, Giovanni Ettore. A fixação do dano na jurisprudência arbitral. *Revista Brasileira de Arbitragem*, Comitê Brasileiro de Arbitragem CBAr & IOB, v. IX, n. 36, p. 7-26, 2012. Acesso *on-line* pelo Kluwer Arbitration.

[72] *Ibid., op. cit.*

[73] Como Giovanni Nanni esclarece, não se trata de algo quantitativo (indenização pelo valor razoável), mas sim do que é razoavelmente admitido se esperar como lucro cessante (NANNI, Giovanni Ettore. A fixação do dano na jurisprudência arbitral. *Revista Brasileira de Arbitragem*,

da Cruz Guedes esclarece que o "lucro" não deve ser entendido em seu sentido econômico ou contábil, nem como um ganho habitual que cessou, mas sim, de uma forma ampla, incluindo "toda a vantagem, benefício ou utilidade que se possa extrair de uma determinada situação ou negócio".[74]

O princípio da reparação integral previsto no art. 944, *caput*, do Código Civil, impõe à responsabilidade civil o objetivo de reparar os danos sofridos pela vítima em toda sua extensão, sem, contudo, permitir que ela enriqueça indevidamente.

A doutrina diverge inclusive a respeito do grau de prova necessário para se verificar lucros cessantes e medir sua extensão. Agostinho Alvim e Caio Mário da Silva Pereira entendem que o lucro cessante depende de prova rigorosa pelo credor.[75] Gisela Sampaio da Cruz Guedes, de outro lado, defende que os lucros cessantes não exigem prova absoluta, mas sim uma prova mínima.[76] Já Giovanni Nanni afirma que não é necessário nem prova absoluta, nem prova mínima, mas sim uma "razoável probabilidade diretamente relacionada ao caso concreto".[77]

Gisela Sampaio da Cruz Guedes, em seu livro voltado à análise dos lucros cessantes, aponta os seguintes requisitos para que os lucros cessantes sejam ressarcidos: (i) injustiça do dano, isto é, dano causado deve ser injustamente sofrido pelo lesado e não deve ser decorrente de uma atividade ilícita;[78] (ii) imediatidade do dano, ou seja, o lucro cessante deve ser consequência direta e imediata da conduta do agente, de modo que o nexo

Comitê Brasileiro de Arbitragem CBAr & IOB, volume IX, n. 36, p. 7-26, 2012. Acesso *on-line* pelo Kluwer Arbitration).

[74] GUEDES, Gisela Sampaio Cruz. *Lucros cessantes*: do bom-senso ao postulado normativo da razoabilidade. São Paulo: Revista dos Tribunais, 2011. p. 73-74.

[75] ALVIM, Agostinho. *Da inexecução das obrigações e suas consequências*. 5. ed. São Paulo: Saraiva, 1980. p. 189; PEREIRA, Caio Mário da Silva. *Obrigações e contratos*: pareceres de acordo com o Código Civil de 2002. Parecer 4. Rio de Janeiro: Forense, 2011. p. 56.

[76] GUEDES, Gisela Sampaio Cruz. *Lucros cessantes*: do bom-senso ao postulado normativo da razoabilidade. São Paulo: Revista dos Tribunais, 2011. p. 96.

[77] NANNI, Giovanni Ettore. A fixação do dano na jurisprudência arbitral. *Revista Brasileira de Arbitragem*, Comitê Brasileiro de Arbitragem CBAr & IOB. v. IX, n. 36, p. 7-26, 2012. Acesso *on-line* pelo Kluwer Arbitration.

[78] GUEDES, Gisela Sampaio Cruz. *Lucros cessantes*: do bom-senso ao postulado normativo da razoabilidade. São Paulo: Revista dos Tribunais, 2011. p. 78. De acordo com Marian Celina Bodin de Moraes: "O dano será injusto quando, ainda que decorrente de conduta lícita, afetando aspecto fundamental da dignidade humana, não for razoável, ponderados os interesses contrapostos, que a vítima dele permaneça irressarcida" (MORAES, Maria Celina

causal não pode ser interrompido;[79] e (iii) certeza do dano, isto é, impõe a reconstrução da sequência dos acontecimentos para que se verifique o que aconteceria se o evento danoso não tivesse ocorrido, no curso normal dos negócios.[80] A respeito desse último requisito, a autora ainda faz uma crítica importante à prática jurisprudencial: os tribunais devem se apoiar em um prognóstico de probabilidades, e não em meras possibilidades, o que significa que a busca por um bom senso não é um método apropriado, por ser um fator subjetivo.[81]

Vale acrescentar, ainda, que o Código Civil de 2002 não adotou o requisito de previsibilidade previsto no antigo art. 1.059, parágrafo único, do Código Civil de 1916, segundo o qual o devedor só responde pelos lucros "que foram ou podiam ser previstos na data da obrigação".

Analisando as decisões dos tribunais brasileiros, Gisela Sampaio da Cruz Guedes verificou que a jurisprudência nacional costuma utilizar três critérios para estimar a extensão do dano e, assim, reparar lucros cessantes. São eles: (i) a experiência pretérita da vítima; (ii) a comparação de mercado, utilizada como parâmetro subsidiário quando a parte lesada não tem experiência prévia; e (iii) o salário mínimo como padrão de indenização. A autora critica veementemente a forma estática pela qual a jurisprudência aprecia lucros cessantes, por considerar que essa forma não conduz à reparação integral do dano.

Como, então, fixar lucros cessantes? Gisela Sampaio da Cruz Guedes conclui em seu livro que a razoabilidade de que trata o art. 402 do Código Civil deve determinar a composição dos lucros cessantes e ser orientada por três vertentes (equidade, congruência e equivalência que, em conjunto, representam o "feixe de significados" do termo), a funcionar como critérios para que o Judiciário possa aferir a extensão de lucros cessantes em cada caso concreto. Além da análise da razoabilidade, a autora tam-

Bodin de. *Danos à pessoa humana*: uma leitura civil-constitucional dos danos morais. Rio de Janeiro: Renovar, 2003, p. 179).

79 A autora ressalta que esse requisito no caso dos lucros cessantes é mais complexo porque envolve nexo de causalidade e juízo de razoabilidade. Nexo causal delimita a extensão do prejuízo (controle positivo), ao passo que a razoabilidade determina os descontos a serem efetuados da indenização (controle negativo) (GUEDES, Gisela Sampaio Cruz. *Lucros cessantes*: do bom-senso ao postulado normativo da razoabilidade. São Paulo: Revista dos Tribunais, 2011. p. 84-85).

80 *Ibid.*, p. 91.

81 *Ibid.*, p. 92-93.

bém destaca que o Judiciário deverá considerar outros elementos, como as circunstâncias especiais do caso concreto e as medidas tomadas pelo lesado. Com essas medidas, que a autora chama de "avaliação dinâmica dos lucros cessantes", o princípio da reparação integral com relação aos lucros cessantes será atingido.[82]

Precedentes mais recentes mostram que o Judiciário permanece com uma visão estática na análise de indenização por lucros cessantes, destacando a necessidade de o dano ser certo, sem depender de fatores eventuais ou hipotéticos.[83]

Do ponto de vista de uma operação de M&A, lucros cessantes podem se referir, por exemplo, aos prejuízos a que o comprador pode incorrer caso sua planta seja interditada pela falta de uma licença ou, ainda, caso a companhia objeto da compra e venda perca o direito de uso de uma marca ou outro direito de propriedade intelectual em decorrência de uma demanda de um terceiro. Ambos os casos podem resultar em prejuízos significativos tanto para a sociedade-alvo quanto para o comprador. Naturalmente, a inclusão ou a exclusão de lucros cessantes como um dano indenizável pelo vendedor é um ponto frequentemente discutido em operações de M&A.

Perda de uma chance

Outra espécie de dano é a perda de uma chance, que alguns autores qualificam como uma espécie de lucros cessantes, outros como uma espécie de danos emergentes e outros como uma terceira espécie de dano patri-

[82] *Ibid.*, p. 344.

[83] Pesquisa realizada com base em precedentes do STJ disponíveis em sua base de dados *on-line*. "O dano material indenizável é aquele que se revela existente. Por sua vez, os lucros cessantes devem corresponder a tudo aquilo que o lesado deixou de lucrar, de modo razoável, em decorrência do dano causado pelo devedor. Todavia, esse dano deve ser efetivo, certo, atual e subsistente. Não pode depender de uma grande carga de probabilidade, de meras presunções, de fatores indiretos e hipotéticos" (REsp 1.350.267/MA, Rel. Ministro Ricardo Villas Bôas Cueva, Terceira Turma, julgado em 19/03/2015, DJe 09/06/2015). "Os lucros cessantes correspondem ao que a empresa autora razoavelmente deixou de lucrar como consequência direta do evento, não se compreendendo nesta rubrica danos hipotéticos, baseados em mera expectativa de ganho, a depender de fatos eventuais e circunstâncias futuras" (AgRg no AREsp 413.378/RS, Rel. Ministra Maria Isabel Gallotti, Quarta Turma, julgado em 18/11/2014, DJe 09/06/2015). Nesse sentido, *vide* também: REsp 1347136/DF, Rel. Ministra Eliana Calmon, Primeira Seção, julgado em 11/12/2013, DJe 07/03/2014, e EDcl no AgRg nos EDcl no REsp 790.903/RJ, Rel. Ministra Maria Isabel Gallotti, Quarta Turma, julgado em 05/12/2013, DJe 10/02/2014).

monial independente. Há, ainda, uma quarta corrente que entende que a natureza jurídica depende do caso concreto, não estando restrita a danos patrimoniais. A perda de uma chance é a perda da chance (real e séria) de obtenção de uma vantagem ou de evitar um prejuízo, em razão de uma conduta culposa de uma parte.[84] Indeniza-se, portanto, uma oportunidade certa perdida, e não seu resultado, que é algo hipotético.

Yves Chartier esclarece que a reparação da perda de uma chance repousa em uma probabilidade e uma certeza: a certeza de que a chance seria aproveitada e a probabilidade de obter um benefício ou evitar um prejuízo.[85] Como então quantificar a chance perdida? Giovanni Nanni responde a essa pergunta afirmando que, em cada caso concreto, a chance é quantificada por um grau de probabilidade (um percentual) aplicado sobre o valor total "favorável" (a vantagem que seria obtida ou o prejuízo que seria evitado), de modo a reduzir o tal valor total favorável.[86] Esse é o método de cálculo desenvolvido pela jurisprudência e pela doutrina francesas e defendido por diversos autores brasileiros sobre o tema.[87]

Gisela Guedes destaca que a reparação da perda de uma chance não é pacífica nem na jurisprudência nacional, que costuma tratá-la como uma espécie de lucro cessante, nem na doutrina.[88] Precedentes mais recentes

[84] NANNI, Giovanni Ettore. A fixação do dano na jurisprudência arbitral. *Revista Brasileira de Arbitragem*, Comitê Brasileiro de Arbitragem CBAr & IOB. v. IX, n. 36, p. 7-26, 2012. Acesso *on-line* pelo Kluwer Arbitration.

[85] CHARTIER, Yves. *La réparation du préjudice dans la responsabilité civile.* n. 35. Paris: Dalloz, 1983 *apud* PEREIRA, Caio Mário da Silva. *Responsabilidade civil.* 10. ed. rev. atual. por Gustavo Tepedino. Rio de Janeiro: GZ Editora, 2012. p. 61.

[86] NANNI, Giovanni Ettore. A fixação do dano na jurisprudência arbitral. *Revista Brasileira de Arbitragem*, Comitê Brasileiro de Arbitragem CBAr & IOB. v. IX, n. 36, p. 7-26, 2012. Acesso *on-line* pelo Kluwer Arbitration; NORONHA, Fernando. *Direito das obrigações.* 3. ed. rev. e atual. São Paulo: Saraiva, 2010. p. 695-698.

[87] Ver: (i) SAVI, Sérgio. *Responsabilidade civil por perda de uma chance.* São Paulo: Atlas, 2006; (ii) CARNAÚBA, D. A. A responsabilidade civil pela perda de uma chance: a técnica na jurisprudência francesa. *Revista dos Tribunais.* v. 101, n. 922, p. 139-171, ago. 2012; (iii) GONDIM, Glenda Gonçalves. A teoria da perda de uma chance e sua aplicação no direito brasileiro. *Revista dos Tribunais*, v. 101, n. 922, p. 620, ago. 2012; e (iv) SILVA, Rafael Peteffi da. *Responsabilidade civil pela perda de uma chance.* São Paulo: Atlas, 2007.

[88] De acordo com a pesquisa da autora, a jurisprudência brasileira sobre o tema passou por três fases: (i) postura de tudo ou nada, em que a mera perda da chance não era passível de indenização; (ii) acolhimento parcial da teoria, com a indenização fixada a título de dano moral; e (iii) estudo da teoria como uma qualificação de dano. Já na doutrina, a autora verificou duas correntes: (a) quem defende que a teoria está associada com a noção de "causalidade

sugerem uma nova visão do Judiciário, no sentido de tratar o dano decorrente da perda de uma chance como "algo intermediário" entre danos emergentes e lucros cessantes, reconhecendo, inclusive, a teoria da perda de uma chance e os lucros cessantes como dois institutos distintos.[89] Com relação à doutrina, vale descrever brevemente as tentativas de sistematização da teoria no Brasil realizadas por Fernando Noronha e Rafael Peteffi Silva.

Fernando Noronha, utilizando um critério temporal, defende a existência de três modalidades diferentes de dano de perda de uma chance, que podem representar tanto danos futuros quanto danos presentes.[90] São elas: (i) a *frustação de obter vantagem futura* ou perda da chance clássica, tal como referida na França; (ii) a *perda da chance de evitar que outrem sofresse um dano efetivamente ocorrido*; e (iii) a *perda da chance por falta de informação*.

parcial" ou com presunções de causalidade; ou (b) quem defende que a teoria decorre do alargamento do conceito de dano ressarcível (GUEDES, Gisela Sampaio Cruz. *Lucros cessantes*: do bom-senso ao postulado normativo da razoabilidade. São Paulo: Revista dos Tribunais, 2011. p. 106-109; p. 115).

[89] Pesquisa com base em precedentes do STJ disponíveis em sua base de dados *on-line*. *Vide*: "A teoria da perda de uma chance (*perte d'une chance*) visa à responsabilização do agente causador não de um dano emergente, tampouco de lucros cessantes, mas de algo intermediário entre um e outro, precisamente a perda da possibilidade de se buscar posição mais vantajosa que muito provavelmente se alcançaria, não fosse o ato ilícito praticado. Nesse passo, a perda de uma chance, desde que essa seja razoável, séria e real, e não somente fluída ou hipotética, é considerada uma lesão às justas expectativas frustradas do indivíduo, que, ao perseguir uma posição jurídica mais vantajosa, teve o curso normal dos acontecimentos interrompido por ato ilícito de terceiro" (REsp 1.190.180/RS, Rel. Ministro Luís Felipe Salomão, Quarta Turma, julgado em 16/11/2010, DJe 22/11/2010). No mesmo sentido: REsp 993.936/RJ, Rel. Ministro Luis Felipe Salomão, Quarta Turma, julgado em 27/03/2012, DJe 09/06/2015. Mais recentemente: "4. De acordo com o CC/02, os lucros cessantes representam aquilo que o credor razoavelmente deixou de lucrar, por efeito direto e imediato da inexecução da obrigação pelo devedor. 5. A perda de uma chance não tem previsão expressa no nosso ordenamento jurídico, tratando-se de instituto originário do direito francês, recepcionado pela doutrina e jurisprudência brasileiras, e que traz em si a ideia de que o ato ilícito que tolhe de alguém a oportunidade de obter uma situação futura melhor gera o dever de indenizar. 6. Nos lucros cessantes há a certeza da vantagem perdida, enquanto na perda de uma chance há a certeza da probabilidade perdida de se auferir uma vantagem. Trata-se, portanto, de dois institutos jurídicos distintos." (REsp 1.750.233/SP, Rel. Ministra Nancy Andrighi, Terceira Turma, julgado em 05/02/2019, DJe 08/02/2019).

[90] NORONHA, Fernando. *Direito das obrigações*. 3. ed. rev. e atual. São Paulo: Saraiva, 2010. p. 699-701.

De acordo com o autor, a primeira modalidade é representante de um dano futuro e é decorrente da interrupção de um processo em curso por um fato antijurídico. Possui as seguintes submodalidades: (i) perda da chance de realizar um benefício em expectativa (o que, na opinião do autor, caracterizaria um lucro cessante, se o dano for exclusivamente patrimonial); e (ii) perda da chance de evitar um prejuízo futuro (o que, em sua opinião, caracterizaria um dano emergente, se o dano for exclusivamente patrimonial). A segunda e a terceira modalidades referidas no parágrafo anterior são ambas categorias de frustação de evitar um dano presente. A segunda representa um processo em curso que não foi interrompido quando poderia ter sido. Já a terceira modalidade é decorrente da frustação da oportunidade de tomar uma decisão esclarecida por uma violação do dever de informar.

Rafael Peteffi da Silva, por outro lado, faz a seguinte classificação:[91] (i) perda da chance como uma *categoria de dano autônomo*, na qual o processo é interrompido pela conduta do agente que acaba com todas as chances da vítima; e (ii) perda da chance como uma *causalidade parcial com a perda da vantagem esperada* (ou "causa concorrente complementar", como ressalta Gisela Sampaio da Cruz Guedes),[92] na qual a conduta do réu apenas diminui as chances da vítima de auferir vantagem ou evitar prejuízo.

Sobre as tentativas citadas de sistematizações, Gisela Sampaio da Cruz Guedes ressalva que a classificação proposta por Fernando Noronha acaba por reduzir a teoria da perda de uma chance a um problema apenas de dano, o que, em sua opinião, é uma perspectiva reducionista.[93] Já a classificação adotada por Rafael Peteffi da Silva propõe uma segmentação do dano da perda da chance em duas categorias bastante distintas: a primeira não deveria sofrer entraves em nosso ordenamento jurídico para ser admitida, tendo em vista a "interpretação mais alargada do conceito de dano, inferida do princípio solidarista, que deve governar o sistema de responsabilidade civil atual";[94] porém a segunda é mais difícil de ser admitida no Brasil, porque demanda uma análise mais profunda do nexo de causalidade.

[91] SILVA, Rafael Peteffi da. *Responsabilidade civil pela perda de uma chance*. São Paulo: Atlas, 2007. p. 230.

[92] GUEDES, Gisela Sampaio Cruz. *Lucros cessantes*: do bom-senso ao postulado normativo da razoabilidade. São Paulo: Revista dos Tribunais, 2011. p. 114.

[93] *Ibid.*, p. 113.

[94] *Ibid.*, p. 115.

A classificação da perda de uma chance como uma espécie de dano emergente também é admitida por parte da doutrina.[95] Esse entendimento é possível, como explicam Flávia P. Püschel e Viviane Muller Prado, considerando a hipótese de que, no momento do ilícito, o valor econômico da chance já integrava o patrimônio do credor.[96] As autoras ressalvam, no entanto, que essa classificação somente é aplicável quando o interesse envolvido for patrimonial, pois a perda de uma chance pode ter dimensão extrapatrimonial.

Já a classificação da perda de uma chance como uma espécie de lucros cessantes deve, na opinião de parte da doutrina, ser afastada. Como ensina Gisela Sampaio da Cruz Guedes, a perda de uma chance é diferente de lucros cessantes por dois motivos. Primeiramente porque o suporte fático é diferente, já que a perda de uma chance é certa, mas o resultado é aleatório; nos lucros cessantes, por outro lado, o resultado é certo (isto é, a perda de uma vantagem), mas a chance de obtê-la, não. Em segundo lugar, o uso da probabilidade tem propósitos diferentes, tendo em vista que, na perda de uma chance, a estatística é usada para calcular o valor da chance perdida, com base na probabilidade de o resultado ocorrer; já nos lucros cessantes, a probabilidade é usada para verificar o lucro que seria obtido, não fosse o evento danoso.[97]

Para os fins da presente obra, concordamos que o dano da perda de uma chance pode ter tanto uma faceta de dano patrimonial, em especial de dano emergente, quanto uma faceta de dano extrapatrimonial. Um dano decorrente da perda de uma chance pode ser verificado, no contexto de uma operação de M&A, caso, a título exemplificativo, a sociedade adquirida não consiga participar de um processo licitatório após o fechamento em decorrência de um evento anterior ao fechamento (a ausência de uma

95 Ver: (i) Gisela Sampaio da Cruz Guedes, *op. cit.*, p. 125; (ii) PÜSCHEL, Flávia P.; PRADO, Viviane Muller. Teoria da perda de uma chance e indenização de investidores pelo mecanismo de ressarcimento de prejuízos da BM&F BOVESPA Supervisão de Mercado – BSM. *Revista de Direito Civil Contemporâneo*. v. 9, p. 159-184, out.-dez. 2016. Acesso pela RT Online; e (iii) SAVI, Sérgio. *Responsabilidade civil por perda de uma chance*. São Paulo: Atlas, 2006. p. 162.

96 PÜSCHEL, Flávia P.; PRADO, Viviane Muller. Teoria da perda de uma chance e indenização de investidores pelo mecanismo de ressarcimento de prejuízos da BM&F BOVESPA Supervisão de Mercado – BSM. *Revista de Direito Civil Contemporâneo*. v. 9, p. 159-184, out.-dez. 2016. Acesso pela RT Online.

97 GUEDES, Gisela Sampaio Cruz. *Lucros cessantes*: do bom-senso ao postulado normativo da razoabilidade. São Paulo: Revista dos Tribunais, 2011. p. 117-118.

licença ou um evento de corrupção). O contrato deverá regular se a perda da oportunidade será ou não indenizável pelo vendedor. Nessa situação hipotética, nos parece que o dano se aproximaria de um dano emergente, tendo em vista que não seria possível saber se a empresa ganharia ou não a licitação, caso tivesse participado.

Independentemente da classificação a ser atribuída à perda de uma chance, importa reconhecer que o dano decorrente da perda de uma chance deve ser indenizável em nosso ordenamento e, portanto, analisado sob a óptica de uma operação de M&A, seja para incluí-lo ou excluí-lo do escopo da indenização. Especialmente se considerarmos a terceira categoria proposta por Fernando Noronha (*perda da chance por falta de informação*), que pode ser observada caso o comprador, após o fechamento da operação, verifique que o vendedor deixou de fornecer informação essencial que, se tivesse sido fornecida, o levaria a tomar outra decisão (de realizar determinado investimento ou, até mesmo, de prosseguir com a aquisição da empresa).

Danos extrapatrimoniais

A terceira espécie de dano a ser analisada na presente seção é o dano extrapatrimonial. Entendemos que a terminologia "dano extrapatrimonial", em contraposição aos danos patrimoniais, é muito mais adequada[98] do que a referência a "danos morais em sentido amplo", utilizada por alguns autores. Isso porque, como já visto anteriormente, o conceito de danos ressarcíveis vem sendo ampliado em prol do surgimento de novas espécies de danos de caráter não patrimonial.[99] Nesse sentido, danos extrapatrimoniais devem se referir a danos que não possuem um reflexo direto no patrimônio do lesado, estando muitas vezes associados ao princípio da dignidade da pessoa humana e a direitos de personalidade.[100]

[98] Esta também é a posição de Giovanni Nanni e Fernando Noronha. *Vide*: NANNI, Giovanni Ettore. A fixação do dano na jurisprudência arbitral. *Revista Brasileira de Arbitragem*, Comitê Brasileiro de Arbitragem CBAr & IOB, v. IX, n. 36, p. 7-26, 2012. Acesso *on-line* pelo Kluwer Arbitration; NORONHA, Fernando. *Direito das obrigações*. 3. ed. rev. e atual. São Paulo: Saraiva, 2010. p. 591. Para uma explicação sobre o uso de ambos os termos, *vide*: MARTINS-COSTA, Judith. Os danos à pessoa no direito brasileiro e a natureza de sua reparação. *In*: MARTINS--COSTA, Judith (org.). *A reconstrução do direito privado*. São Paulo: Editora RT, 2002. p. 426-428.

[99] Para uma análise mais detalhada acerca do uso da terminologia "danos extrapatrimoniais", em vez de "danos morais em sentido amplo", *vide* obra de Fernando Noronha (*Ibid*., p. 591-594).

[100] Vale lembrar a classificação proposta por Francisco Marino, mencionada no início deste capítulo, pela qual dano moral não é lesão a direito da personalidade ou a interesse extra-

Apesar de, historicamente, a responsabilidade civil ter sofrido transformações relevantes, nosso sistema jurídico admite amplamente a responsabilização por danos extrapatrimoniais com base em uma combinação de diferentes diplomas (Constituição Federal,[101] Código Civil[102] e Código de Defesa do Consumidor),[103] bem como parece recepcionar uma regulamentação mais flexível com relação à admissibilidade de um caráter exemplar da responsabilidade civil,[104] com o apoio, inclusive, de diversos autores e da jurisprudência.[105]

patrimonial, mas sim um prejuízo não patrimonial (ou seja, dano-prejuízo) advindo de um dano-evento.

101 "Art. 5º. Todos são iguais perante a lei, sem distinção de qualquer natureza, garantindo-se aos brasileiros e aos estrangeiros residentes no País a inviolabilidade do direito à vida, à liberdade, à igualdade, à segurança e à propriedade, nos termos seguintes: [...] V – é assegurado o direito de resposta, proporcional ao agravo, além da indenização por dano material, moral ou à imagem; [...] X – são invioláveis a intimidade, a vida privada, a honra e a imagem das pessoas, assegurado o direito a indenização pelo dano material ou moral decorrente de sua violação."

102 "Art. 186. Aquele que, por ação ou omissão voluntária, negligência ou imprudência, violar direito e causar dano a outrem, ainda que exclusivamente moral, comete ato ilícito."

103 "Art. 6º. São direitos básicos do consumidor: [...] VI – a efetiva prevenção e reparação de danos patrimoniais e morais, individuais, coletivos e difusos; VII – o acesso aos órgãos judiciários e administrativos com vistas à prevenção ou reparação de danos patrimoniais e morais, individuais, coletivos ou difusos, assegurada a proteção Jurídica, administrativa e técnica aos necessitados."

104 MARTINS-COSTA, Judith; PARGENDLER, Mariana Souza. Usos e abusos da função punitiva. *Punitive damages* e o Direito brasileiro. *CEJ*. Brasília, n. 28, p. 15-32, jan./mar. 2005.

105 Maria Celina Bodin de Moraes afirma que a dupla função da reparação de danos extrapatrimoniais (caráter compensatório e punitivo) é defendida não apenas pela doutrina, como também pela jurisprudência. A jurista cita os seguintes autores como favoráveis, na doutrina brasileira, à tese do caráter punitivo: Caio Mário da Silva Pereira, Silvio Rodrigues, Maria Helena Diniz, Arthur Oscar de Oliveira Dedam Carlos Alberto Bittar, Sergio Cavalieri, José Carlos Moreira Alves, Paulo da Costa Leite, Luiz Roldão de Freitas Gomes, Araken de Assis, Teresa Ancona Lopes, Sergio Severo, Carlos Edison do Rêgo Monteiro Filho, Renan Miguel Saad, Américo Luís Martins da Silva, Clayton Reis e Antonio Junqueira de Azevedo. Em contraposição, os autores contrários à tese são os seguintes: José Aguiar Dias, Pontes de Miranda, Wilson Melo da Silva e Orlando Gomes. Em: MORAES, Maria Celina Bodin de. *Punitive damages* em sistemas civilistas: problemas e perspectivas. *Revista Trimestral de Direito Civil* – RTDC, Rio de Janeiro, Padma, v. 18, p. 47, abr.-jun. 2004. O reconhecimento da dupla função pela doutrina e jurisprudência também é afirmado em MARINANGELO, Rafael. A evolução da indenização por dano moral e a aplicação da indenização punitiva. *In*: LOTUFO, Renan; NANNI, Giovanni Ettore; MARTINS, Fernando Rodrigues (coord.). *Temas relevantes do Direito Civil Contemporâneo.* Reflexões sobre os 10 anos do Código Civil. São Paulo: Atlas, 2012. p. 684. Foge do escopo da presente obra debater a aplicabilidade e a abrangência da

A possibilidade de uma pessoa jurídica sofrer um dano moral ainda é motivo de debate na doutrina, apesar de o assunto já ter sido objeto da Súmula n. 227[106] do STJ, no sentido de confirmar que a pessoa jurídica pode incorrer em dano moral, e do art. 52[107] do Código Civil, que estende às pessoas jurídicas a proteção dos direitos de personalidade. Grande parte da divergência na doutrina e na jurisprudência se dá com relação à abrangência e à aplicabilidade do dano moral para casos de inadimplemento contratual, e há inclusive quem defenda o afastamento, em qualquer hipótese, da possibilidade de reparação de pessoas jurídicas por dano moral.

Para a defesa da indenização por dano moral, passou-se a utilizar o conceito de honra subjetiva e honra objetiva. A honra subjetiva seria um conceito exclusivo de pessoas físicas, ligado a noções de dor, dignidade, integridade física, psíquica e de saúde. Já a honra objetiva seria comum às pessoas físicas e jurídicas e estaria relacionada a noções envolvendo reputação (ou "bom nome") e imagem.[108] Convencionou-se, então, que uma

função punitiva da responsabilidade civil no Brasil, o que, por si só, demandaria uma tese própria. Vale registrar, no entanto, o posicionamento bastante esclarecedor de Maria Celina Bodin de Moraes. A autora explica que não há dispositivo em nosso Código Civil de 2002 (e tampouco havia no Código Civil de 1916) que preveja a punição por um dano cometido; há, na verdade, dispositivos contrários ao juízo de punição (por exemplo, o art. 403 e o parágrafo único do art. 944). No Projeto do Código de Defesa do Consumidor, o artigo que contemplava a indenização punitiva foi inclusive vetado (antigo art. 16 do projeto). Na opinião da jurista, "A função punitiva da reparação de danos extrapatrimoniais, como está hoje, enseja mais problemas do que soluções. Nosso sistema não deve admiti-la, entre outras razões, para evitar a chamada loteria forense; para não aumentar a insegurança e a imprevisibilidade nas decisões judiciais; e, mais importante, para inibir a ideia da mercantilização das relações existenciais, não premiando indevidamente a vítima. Para que a indenização punitiva tenha, de fato, alguma utilidade parece necessário resolver os dois problemas que mais ameaçam a justiça do seu mecanismo: o forte incentivo à malícia que ela enseja e a sua dependência completa do arbítrio do juiz". A autora ressalva, no entanto, que a indenização punitiva pode ser aceitável em hipóteses excepcionais, "quando for imperioso dar uma resposta à sociedade, tratando-se, por exemplo, de conduta ultrajante ou insultuosa, em relação à consciência coletiva, ou, ainda, quando se der o caso de prática maliciosa, danosamente reiterada". Nesses casos, a indenização não deve ser paga à vítima, mas sim a fundos predeterminados. Em: MORAES, Maria Celina Bodin de. *Punitive damages* em sistemas civilistas: problemas e perspectivas. *Revista Trimestral de Direito Civil* – RTDC, Rio de Janeiro, Padma, v. 18, p. 76-78, abr.-jun. 2004.

106 Súmula 227 do STJ: "A pessoa jurídica pode sofrer dano moral".

107 "Art. 52. Aplica-se às pessoas jurídicas, no que couber, a proteção dos direitos da personalidade."

108 CAVALIERI, Sérgio. *Programa de responsabilidade civil*. 12. ed. rev. ampl. São Paulo: Atlas, 2015. p. 139.

pessoa jurídica teria direito à indenização apenas no caso de ofensa à honra objetiva, isto é, à sua reputação ou sua imagem, que acarrete em perda de capacidade de produzir riquezas.[109]

Judith Martins-Costa entende que, via de regra, inadimplemento contratual não gera dano moral para pessoa jurídica e, tampouco, para pessoa física.[110] Na opinião da jurista, pessoas físicas podem sofrer dano moral indenizável em caso de inadimplemento contratual se seus efeitos "por sua natureza ou gravidade, exorbitarem o aborrecimento normalmente decorrente de uma perda patrimonial e também por repercutirem na esfera da dignidade da vítima".[111] Pessoas jurídicas só têm direito à indenização, no caso de violação à honra objetiva, em caráter de exceção, quando houver repercussão na capacidade de gerar riqueza.

Giovanni Nanni tem opinião similar. De acordo com o autor, o dano decorrente de um inadimplemento contratual não gera *a priori* danos extrapatrimoniais, exceto nos casos em que ocorram "lesões diretas a aspectos inerentes à dignidade da pessoa humana, geralmente ligadas à saúde, ao lazer, à habitação, etc., próprias do ser humano e não da empresa" (ou seja, se aplica apenas para pessoas físicas, em determinadas hipóteses). O autor ainda defende que o dano moral sofrido por uma pessoa jurídica acaba se referindo a seu patrimônio, motivo pelo qual considera uma "imprecisão técnica" conceder indenização por dano extrapatrimonial a pessoas jurídicas.[112]

Importante destacar que há jurisprudência no sentido de que o inadimplemento contratual não gera danos morais, tanto para pessoas físicas quanto para pessoas jurídicas.[113]

[109] *Ibid., loc. cit.*; CAHALI, Yussef Said. *Dano moral.* 3. ed. n. 8.7. São Paulo: Revista dos Tribunais, 2005. p. 387.

[110] MARTINS-COSTA, Judith. Responsabilidade civil contratual. Lucros cessantes. Resolução. Interesse positivo e interesse negativo. Distinção entre lucros cessantes e lucros hipotéticos. Dever de mitigar o próprio dano. Dano moral e pessoa jurídica. *In*: LOTUFO, Renan; NANNI, Giovanni Ettore; MARTINS, Fernando Rodrigues (coord.). *Temas relevantes do direito civil contemporâneo.* Reflexões sobre os 10 anos do código civil. São Paulo: Atlas, 2012. p. 591.

[111] *Ibid., loc. cit.* No mesmo sentido: MENEZES DIREITO, Carlos Alberto; CAVALIERI FILHO, Sergio. *Comentários ao novo Código Civil.* Da responsabilidade civil. Das preferências e privilégios creditórios. Arts. 927 a 965. v. XIII. Rio de Janeiro: Forense, 2004. p. 104.

[112] Todas as referências no parágrafo foram extraídas de: NANNI, Giovanni Ettore. A fixação do dano na jurisprudência arbitral. *Revista Brasileira de Arbitragem*, Comitê Brasileiro de Arbitragem CBAr & IOB. v. IX, n. 36, p. 7-26, 2012. Acesso *on-line* pelo Kluwer Arbitration.

[113] "Pugnar pela ampla ressarcibilidade do dano moral é criar fonte de enriquecimento sem causa. Para o descumprimento contratual existe a reparação do dano material e bem dos lucros

Posição similar pode ser verificada por parte da doutrina e da jurisprudência portuguesas. Como esclarece António Pinto Monteiro, a legislação portuguesa é omissa com relação à possibilidade de pessoas jurídicas serem indenizadas por danos extrapatrimoniais, e a jurisprudência portuguesa diverge a esse respeito.[114] O autor reconhece os direitos de personalidade de pessoas jurídicas e seu direito à indenização por ofensa ao bom nome e à reputação, porém entende que essa indenização abrange apenas danos patrimoniais, decorrentes da perda de clientela, fornecedores, custos publicitários, prêmios maiores de seguros e outros custos. É o que parte da jurisprudência portuguesa denomina de *dano patrimonial indireto*, tendo em vista o "reflexo negativo" provocado pela ofensa na lucratividade da empresa.[115]

Maria Celina Bodin de Moraes também refuta a possibilidade de reparação de danos morais para pessoas jurídicas, mas sob outro argumento. A jurista defende que o dano moral consiste em lesão à dignidade da pessoa humana, corporificada em um conjunto dos princípios da igualdade, da integridade psicofísica, da liberdade e da solidariedade, sendo objeto de tutela constitucional somente o dano moral sofrido por pessoas humanas. Para pessoas jurídicas, a autora defende a existência do chamado "dano institucional", nos casos em que a empresa não visar lucro ou quando a ofensa estiver relacionada a aspectos que não podem ser avaliados em dinheiro (direta ou indiretamente). O dano institucional depende de comprovação objetiva da potencialidade do dano (não se aplicando a tese *in re ipsa*) e pode considerar as condições econômicas da vítima como critério de fixação.[116]

cessantes o que, no caso, já está devidamente fixado. Extrair o dano moral de quaisquer descumprimentos contratuais é forma de se furtar a essa prova, de maior dificuldade, reconheça-se. O dano moral não é sucedâneo do dano material, e nem deve ser assim interpretado" (Tribunal de Justiça do Estado de São Paulo, Apelação cível n. 0008118-67.2012.8.26.0220, Comarca de Guaratinguetá, 3ª Vara, julgada em 26/03/2015). "Não obstante, o descumprimento contratual situa-se no plano dos acontecimentos previsíveis, de modo que o desconforto psíquico dele decorrente deve ter dimensões extraordinárias, para que possa ensejar o pedido de indenização dessa natureza [dano moral]" (Tribunal de Justiça do Estado de São Paulo, Apelação cível n. 440.315.4/1-00, Comarca de São Paulo, julgada em 29/07/2008).

[114] Monteiro, António Pinto. A indenização por danos não patrimoniais em debate: também na responsabilidade contratual? Também a favor das pessoas jurídicas? *Revista Brasileira de Direito Civil* – RBDCivil, São Paulo, Editora Fórum, v. 5, p. 120-122, jul.-set. 2015.

[115] *Ibid.*, p. 124-125.

[116] Todas as referências no parágrafo foram extraídas de: MORAES, Maria Celina Bodin de. *Danos à pessoa humana*: uma leitura civil-constitucional dos danos morais. Rio de Janeiro: Renovar, 2003, p. 191, 327, 328 e 333.

Também em defesa da existência do dano institucional, Gisela Sampaio da Cruz Guedes entende que, embora admitida pela jurisprudência brasileira, tendo o STJ inclusive sumulado a matéria nesse sentido, a reparação do dano moral por pessoa jurídica deve ser afastada, mesmo nos casos restritos à honra, ao bom nome e à imagem da empresa.[117]

A discussão sobre a aplicabilidade de danos extrapatrimoniais em casos de inadimplemento contratual ganha alguns contornos específicos no contexto de uma operação de M&A. Ainda que se possa argumentar que uma parte pode prejudicar a reputação da outra parte, seja ela uma pessoa física ou jurídica, é preciso levar em consideração alguns fatores particulares de uma operação de fusões e aquisições.

Em primeiro lugar, é preciso levar em conta a estrutura adotada em cada operação de M&A à luz dos demais mecanismos de proteção previstos contratualmente, tendo em vista que tanto o conhecimento de uma parte sobre a outra quanto o relacionamento entre elas é diferente em uma operação de venda de 100% da participação e em uma operação de investimento ou venda de participação minoritária ou majoritária.

Um exemplo poderia estar relacionado à condução dos processos envolvendo a sociedade alienada relativos ao período anterior ao fechamento. Caso as partes negociem que o vendedor permanecerá responsável por gerenciar tais processos (ou parte deles), é comum a inclusão de uma cláusula em que qualquer acordo que o vendedor venha a negociar com terceiros estará sujeito à aprovação prévia do comprador. Um dos objetivos dessa cláusula é justamente evitar que o vendedor tenha a possibilidade de negociar com uma contraparte a redução do valor da indenização em contrapartida de uma retratação pública ou do reconhecimento da responsabilidade por um dano causado a um terceiro. Se o vendedor estiver livre para realizar acordos com as contrapartes de litígios, sua decisão pode vir a afetar a reputação da empresa alienada ou do próprio comprador perante seus consumidores, fornecedores e empregados.

Em segundo lugar, a inclusão de cláusula de confidencialidade, que é padrão em contratos de M&A, visa proteger a divulgação de informações sobre a outra parte, suas operações e o contrato em si. Nesse sentido, qualquer informação que possa ser divulgada a respeito da contraparte em um

117 GUEDES, Gisela Sampaio Cruz. *Lucros cessantes*: do bom-senso ao postulado normativo da razoabilidade. São Paulo: Revista dos Tribunais, 2011. p. 160.

contrato de fusões e aquisições está protegida pela obrigação de sigilo. Se violada tal obrigação, a parte inadimplente estará sujeita ao pagamento de indenização pelo descumprimento dessa obrigação.

Outro exemplo mais emblemático seria se, após o fechamento, o comprador verificasse a existência de uma contaminação ambiental ou de algum ato de corrupção, que tenha sido omitido pelo vendedor e que afete a reputação da sociedade alienada (e até mesmo do comprador) perante os consumidores, fornecedores, clientes e até a sociedade como um todo. Problemas envolvendo questões de natureza ambiental e de *compliance* são, via de regra, questões mais delicadas e que de fato impactam a imagem de uma pessoa, física ou jurídica.

António Monteiro Pinto[118] defende que um interesse não patrimonial pode gerar tanto um dano patrimonial (perda de clientes, por exemplo) quanto um dano extrapatrimonial (dor, sofrimento), e a ofensa a um interesse extrapatrimonial, como os direitos de personalidade, pode resultar ou não em um dano extrapatrimonial. Sob essa perspectiva, seria possível verificar nos dois exemplos dados a existência de um interesse extrapatrimonial (a reputação e a imagem da empresa), porém o dano que restará configurado nessas hipóteses (em maior ou menor medida) será apenas patrimonial, na medida em que resultar na perda de clientes ou na redução do valor da marca, por exemplo. Nesses casos, o dano seria patrimonial, independentemente se envolver pessoa física ou jurídica, ainda que o efeito sobre o patrimônio não seja imediato e seja de difícil precificação, tanto em termos de cálculo quanto em termos de comprovação.

Ainda que seja possível argumentar que nosso ordenamento jurídico não admite (seja com base na doutrina ou na jurisprudência predominantes), a princípio, dano moral por inadimplemento contratual, entendemos ser importante o reconhecimento do direito das partes de negociarem a inclusão ou a exclusão de danos extrapatrimoniais (morais ou, ainda, institucionais) no regime de indenização previsto nos contratos de operações de fusão e aquisição, sujeito às limitações que serão tratadas na próxima seção.

[118] MONTEIRO, António Pinto. A indenização por danos não patrimoniais em debate: também na responsabilidade contratual? Também a favor das pessoas jurídicas? *Revista Brasileira de Direito Civil* – RBDCivil. São Paulo, Editora Fórum, v. 5, p. 111, jul.-set. 2015.

Danos indiretos

A última categoria de dano a ser tratada no âmbito da presente obra é a dos chamados danos indiretos. Como mencionado no Capítulo 1, a previsão de exclusão de danos indiretos é bastante comum em contratos de compra e venda de ações ou quotas de sociedades. Nosso Código Civil, no entanto, não prevê uma diferenciação entre danos diretos e danos indiretos, o que torna incompleta a previsão contratual que faça menção a esse termo.

É comum ouvir, inclusive, que nosso direito não prevê a existência de danos indiretos, apenas danos diretos (que seriam os danos emergentes e os lucros cessantes), com base em uma interpretação do significado da expressão "direto e imediato" prevista no art. 403[119] do Código Civil. Ao se assumir essa posição, portanto, a referência em contrato sobre sua exclusão torna-se desnecessária.[120] Discordamos, no entanto, da referida posição.

A expressão "direto e imediato" utilizada no Código Civil, como explica Agostinho Alvim, refere-se ao nexo causal, e não ao dano.[121] De acordo com o autor, é o que pensam os juristas franceses Dumoulin, criador da teoria da necessariedade da causa, R. J. Pothier, que foi divulgador da teoria, e os expositores do Código de Napoleão e alguns códigos posteriores.

Agostinho Alvim afirma que a doutrina de Pothier não exclui o dano indireto, como parece ser. Pothier entende que não é a distância entre o dano e a causa, mas sim a existência de causas concorrentes que afastam a responsabilidade. No caso clássico dos bois com peste, que contaminaram os outros animais do comprador, Pothier teria entendido que o vendedor é apenas responsável pela venda de bois com peste, e não pela falta de cultivo da terra pelo comprador, porque a consequência (não cultivo da terra) não advém necessariamente da causa (venda de bois com peste), tendo em vista a outra causa explicativa do dano (a inatividade do credor). Dessa maneira, a responsabilidade é afastada pela existência de causas concorrentes.[122]

[119] "Art. 403. Ainda que a inexecução resulte de dolo do devedor, as perdas e danos só incluem os prejuízos efetivos e os lucros cessantes por efeito dela direto e imediato, sem prejuízo do disposto na lei processual."

[120] No mesmo sentido: FERNANDES, Wanderley. *Cláusulas de exoneração e de limitação de responsabilidade.* São Paulo: Saraiva, 2013. p. 307.

[121] ALVIM, Agostinho. *Da inexecução das obrigações e suas consequências.* 5. ed. São Paulo: Saraiva, 1980. p. 360.

[122] POTHIER, R. J. Oueuvres, 2. ed. *apud* Agostinho Alvim, *op. cit.*, p. 361-362. Algumas questões adicionais podem resultar desse assunto: o afastamento da responsabilidade poderia ser justificado pelo não cumprimento, pelo credor, do dever de mitigar perdas? Nesse caso,

A explicação de Alvim fica mais clara no exemplo do dano do inquilino proposto pelo autor. Nesse caso exemplificativo, o locador de um imóvel perde a propriedade sobre o bem, o que extingue o contrato de locação. De acordo com o autor, o locador seria responsável pela diferença do aluguel de outro imóvel semelhante (o que seria o dano direto), bem como por eventual indenização que o locatário venha a dever para sublocatários (na medida em que o contrato de locação permitisse a sublocação). Como explica Alvim, apesar de remoto, o referido dano é consequência necessária do inadimplemento do locador (perda da propriedade), sem que exista a interferência de outras causas.

O jurista explica, ainda, que Pothier e outros autores também entendem que o locador é responsável pelas despesas com a mudança, o que ele vê não sendo aplicável porque o que ocorreu é apenas uma antecipação da mudança, o que significa dizer que o locatário poderia pleitear apenas os juros da mora pelo que desembolsou a título de antecipação de despesas.[123]

Gisela Sampaio da Cruz Guedes remete aos ensinamentos de Agostinho Alvim, resgatando a ideia de causa necessária para a ocorrência do dano, ao analisar a Teoria do Dano Direto e Imediato. Para a autora, com base na referida teoria, o dano indireto pode ser passível de indenização, desde que "seja *consequência direta* de um ato ilícito ou de uma atividade objetivamente considerada [grifo nosso]".[124] A autora diverge, porém, de

seria possível afirmar que o conceito de mitigação de perdas no *civil law* se origina da distinção entre danos diretos e indiretos? Anne Michaud, assessora da Suprema Corte do Canadá, publicou um estudo em 1984 sobre essa hipótese e não conseguiu encontrar decisões de tribunais franceses que relacionem o conceito de mitigação de perda com a diferenciação entre danos diretos e danos indiretos. Nos tribunais de Québec, no entanto, a autora encontrou quatro casos que utilizam o conceito de mitigação de perdas pelo credor, ainda que não necessariamente todos mencionassem tal conceito expressamente (MICHAUD, Anne. Mitigation of damage in the context of remedies for breach of contract. *Revue Generale de Droit.* v. 15, n. 2, p. 311-318, 1984). Apesar de ser um estudo antigo, a menção a ele é bastante válida para retratar como a discussão sobre dano indireto é antiga, complexa e atinge diversos países do sistema do *civil law*.

123 ALVIM, Agostinho. *Da inexecução das obrigações e suas consequências.* 5. ed. São Paulo: Saraiva, 1980. p. 364-365.

124 GUEDES, Gisela Sampaio Cruz. *O problema do nexo causal na responsabilidade civil.* Rio de Janeiro: Renovar, 2005. p. 104. Em capítulo voltado à análise da Teoria da Causalidade Adequada, a autora remete à Teoria da Regularidade Causal, de *De Cupis* (como uma variação da Teoria da Causalidade Adequada), pela qual se deve considerar como causa de um evento lesivo uma condição que regularmente produz ou concorre na produção do efeito. *De Cupis*

Agostinho Alvim ao defender que a existência de uma concausa pode apenas atenuar a responsabilidade do agente, não o eximir de seu dever de indenizar. Em sua opinião, para que o agente não esteja sujeito à indenização, "é preciso que se comprove que houve interrupção da cadeia causal, mediante a demonstração de certos pressupostos".[125]

A Teoria do Dano Direto e Imediato como justificativa para a reparabilidade de danos indiretos também parece encontrar recepção na jurisprudência nacional. É importante ressalvar, no entanto, que o tema não é objeto de maiores discussões no STJ.[126]

ainda defende que o código civil italiano não exclui da indenização danos mediatos ou indiretos. De acordo com o autor, danos diretos são sempre indenizáveis, ao passo que danos indiretos podem vir a ser indenizáveis, dependendo da regularidade da causa; ou seja, para que sejam indenizáveis os danos indiretos, é necessário que eles sejam advindos de uma causa regular (*Ibid.*, p. 73-74).

[125] GUEDES, Gisela Sampaio Cruz. *Lucros cessantes*: do bom-senso ao postulado normativo da razoabilidade. São Paulo: Revista dos Tribunais, 2011. p. 83-84.

[126] A pesquisa foi realizada com base em precedentes do STJ disponíveis em sua base de dados *on-line*. A pesquisa do termo "danos indiretos" com compra e venda de quota(s) ou ação/ações resultou em um total de apenas 47 resultados, e nenhum deles buscou qualificar o termo. A maioria sequer entra em discussões de mérito. A pesquisa do termo "dano(s) indireto(s)" com o Código Civil de 2002 resultou em uma única decisão, relacionada a danos reflexos. Entre as decisões envolvendo o tema, destacam-se os seguintes precedentes, nos quais foi possível verificar que os tribunais inferiores utilizaram a Teoria do Dano Direto e Imediato, como justificativa para a reparabilidade de danos indiretos: (i) "O ministro Moreira Alves, no voto que proferiu no RE 130.764/PR, lecionou que 'a teoria adotada quanto ao nexo de causalidade é a teoria do dano direto e imediato, também denominada teoria da interrupção do nexo causal', que 'sem quaisquer considerações de ordem subjetiva, afasta os inconvenientes das outras duas teorias existentes: a da equivalência das condições e a da causalidade adequada' (cf. SILVA, Wilson Mello da. Responsabilidade sem culpa. n. 78 e 79. São Paulo: Saraiva, 1974. p. 128 e ss). Essa teoria, como bem demonstra Agostinho Alvim (*Da inexecução das obrigações*. 5. ed., n. 226. São Paulo: Saraiva, 1980. p. 370), só admite o nexo de causalidade quando o dano é efeito necessário de uma causa, o que abarca o dano direto e imediato sempre, e, por vezes, o dano indireto e remoto, quando, para a produção deste, não haja concausa sucessiva. Daí, dizer Agostinho Alvim (l. c): 'os danos indiretos ou remotos não se excluem, só por isso; em regra, não são indenizáveis, porque deixam de ser efeito necessário, pelo aparecimento de concausas. Suposto não existam estas, aqueles danos são indenizáveis' (RE 130.764/PR, RTJ 143/270, 283)" (REsp 1.068.506/RS, Rel. Ministro Hamilton Carvalhido, decisão monocrática, julgado em 28/08/2008, DJe 05/09/2008); e (ii) "4. Todavia, para tornar mais flexível a teoria da interrupção do nexo causal, quando não para dar-lhe a verdadeira significação ou até para substituí-lo, o critério da necessariedade ou inevitabilidade tem sido adicionado ao da relação direta e imediata. À luz da necessariedade, admite-se indenização também, dentro de certos

A reparabilidade de danos indiretos também é defendida por outros autores, que utilizam conceitos diversos. Fernando Noronha afirma que tanto os danos diretos quanto os indiretos são reparáveis no direito brasileiro, desde que sejam certos e sejam uma *consequência adequada* do fato gerador. O autor classifica o dano direto como aquele que "é efeito imediato do fato lesivo", ao passo que o dano indireto é aquele em que o fato, não tendo provocado ele mesmo o dano, "desencadeia outra condição que diretamente o suscite".[127] O autor ainda considera dano por ricochete,[128] ou danos reflexos, como uma categoria especial de danos indiretos.

Na mesma linha, Sergio Cavalieri Filho também admite a reparação de danos indiretos ou danos materiais reflexos, quando o dano for certo e *consequência direta e imediata* da conduta ilícita, porém o autor afasta a reparabilidade do dano que seja consequência remota.[129] Já Wanderley Fernandes defende que, em matéria contratual, danos indiretos podem incluir danos causados a terceiros pela parte lesada por um inadimplemento do devedor.[130]

Em que pese nosso ordenamento jurídico admitir a indenização de danos indiretos, a expressão pode ter diferentes sentidos e classificações. Isso significa, na prática, que o contrato que dispõe sobre sua exclusão sem definir expressamente seu significado e quais são seus limites pode acabar por excluir da indenização um dano que, de outra forma, seria indenizável, além de estar sujeito ao arbítrio dos árbitros ou do Judiciário em uma futura disputa em arbitragem ou em um processo judicial, conforme o caso.

Em uma operação de M&A, danos indiretos podem ocorrer em diferentes situações, a depender do conceito utilizado. A título exemplificativo,

limites, dos danos indiretos e mediatos" (Ag REsp 69.351/MA. Rel. Ministro Francisco Falcão, decisão monocrática, julgado em 13/06/2012, DJe 02/08/2012).

[127] Noronha, Fernando. *Direito das obrigações.* 3. ed. rev. e atual. São Paulo: Saraiva, 2010. p. 602. O autor faz referência à definição de danos indiretos proposta por Manuel de Andrade em Andrade, Manuel A. Domingues de. *Teoria geral das obrigações.* Coimbra: Coimbra Ed., 1958. p. 353.

[128] De acordo com o autor: "É dano por ricochete aquele que atinge outras pessoas, por estarem ligadas àquela que é vítima imediata de um determinado fato lesivo: essas outras pessoas serão vítimas mediatas" (Noronha, Fernando. *Direito das obrigações.* 3. ed. rev. e atual. São Paulo: Saraiva, 2010. p. 603).

[129] Cavalieri, Sérgio. *Programa de responsabilidade civil.* 12. ed. rev. ampl. São Paulo: Atlas, 2015. p. 148.

[130] Fernandes, Wanderley. *Cláusulas de exoneração e de limitação de responsabilidade.* São Paulo: Saraiva, 2013. p. 308.

imaginemos um caso em que se verifique, após o fechamento, a existência de uma contaminação ou um problema ambiental específico que seja resultado de violação de uma obrigação prevista em lei e, em decorrência de tal contingência ambiental, o comprador não consiga obter ou renovar a licença operacional necessária para desenvolver suas atividades. Utilizando a concepção de Alvim, se não houver outras causas que possam obstar a obtenção ou renovação da licença, ou mesmo a definição proposta por Fernando Noronha, os danos advindos da falta da licença poderiam ser considerados danos indiretos e, assim, serem excluídos da obrigação de indenização.

Utilizando um exemplo similar, porém imaginando que a contaminação, originada na planta da sociedade objeto da aquisição antes do fechamento da operação, se estendesse ao imóvel de um vizinho: nesse caso, o dano causado ao vizinho também poderia ser classificado como um dano indireto causado pelo vendedor, se utilizada a definição proposta por Sergio Cavalieri. Alternativamente, se, em razão da contaminação, a planta é interditada e, como resultado, a sociedade objeto da aquisição deixar de cumprir obrigações com seus fornecedores e clientes, eventuais indenizações devidas a esses terceiros também poderiam ser consideradas danos indiretos, conforme citado por Wanderley Fernandes.

Nas próximas seções deste capítulo, realizaremos uma análise dos requisitos de validade para exclusão de espécies de danos e da prática norte-americana, apresentando, ao final, nossas conclusões preliminares a respeito.

2.2. Requisitos de validade da cláusula de limitação à indenização mediante exclusão de determinados danos em operações de fusões e aquisições

Como visto no capítulo anterior, a cláusula de indenização em uma operação de fusão e aquisição desempenha um papel extremamente importante, sendo objeto de extensa negociação. Esta seção focará nos requisitos de validade da limitação à obrigação do vendedor de indenizar o comprador, por meio da exclusão de determinadas espécies de danos.

Com relação à inclusão de espécies de danos na cláusula de indenização, e tendo em vista a falta de bibliografia sobre o tema, entendemos a princípio que não há um requisito de validade aplicável especificamente à referida cláusula, devendo-se aplicar apenas os requisitos gerais de validade para negócios jurídicos (que serão tratados a seguir). Vale apontar que há quem afirme que se aplicam os mesmos requisitos de validade das cláusulas de não indenizar.[131] Tal conclusão, no entanto, nos parece precipitada, uma vez que a exoneração ou a limitação da obrigação de indenizar gera efeitos distintos.

De uma forma geral, a doutrina e a jurisprudência, no Brasil e no exterior, tendem a aceitar cláusulas de não indenizar, desde que sejam observados os requisitos gerais de validade aplicáveis para negócios jurídicos[132] e sujeitos a determinados limites.[133] Com base principalmente nas lições de José de Aguiar Dias[134] e, posteriormente, Antonio Junqueira de Azevedo,[135] são usualmente apontados quatro requisitos de validade para cláusulas de exclusão e limitação de indenização, quais sejam: (i) o dano objeto da indenização não pode decorrer de dolo ou culpa grave do vendedor; (ii) a limitação ou exoneração, conforme o caso, não pode ser proibida por norma cogente ou desrespeitar a ordem pública; (iii) a limitação ou exoneração, conforme o caso, não pode comprometer a vida e a integridade física de

[131] Nesse sentido, *vide*: (i) FERNANDES, Wanderley. *Cláusulas de exoneração e de limitação de responsabilidade*. São Paulo: Saraiva, 2013. p. 105; e (ii) BANDEIRA, Luiz Octávio Villela de Viana. *As cláusulas de não indenizar no direito brasileiro*. São Paulo: Almedina, 2016. p. 209.

[132] Como explica José de Aguiar Dias: "São as cláusulas de não-indenizar, portanto, sempre válidas, desde que não ofendam a ordem pública e os bons costumes. Como dissemos, não há novidade alguma, nem exigência especial com relação a elas, para terem eficácia. As condições em que se consideram estipulações lícitas são exigidas para qualquer contrato ou ato jurídico: capacidade das partes, objeto lítico, forma prescrita em lei, requisitos de solenidade, consentimento ou acordo de vontades" (DIAS, José de Aguiar. *Cláusula de não indenizar*: chamada cláusula de irresponsabilidade. 3. ed. rev. Rio de Janeiro: Forense, 1976. p. 43).

[133] Nesse sentido: CAVALIERI, Sérgio. *Programa de responsabilidade civil*. 12. ed. rev. ampl. São Paulo: Atlas, 2015, p. 636; MONTEIRO, António Pinto. *Cláusulas limitativas e de exclusão de responsabilidade civil*. 2. Reimpr. Coimbra: Almedina, 2011. p. 70-77.

[134] "São cláusulas ilícitas: a de transferência de obrigações essenciais do contratante, as que exonerem da responsabilidade pelo dolo ou culpa grave e, em geral, todas as que interesse à proteção da vida, da integridade física e da saúde do contratante" (DIAS, José de Aguiar. *Da responsabilidade civil*. v. II. 10. ed. Rio de Janeiro: Forense, 1995. p. 672).

[135] "São *nulas* as cláusulas de não-indenizar que: a) exonerem o agente, em caso de dolo; b) vão diretamente contra norma cogente – às vezes, dita de ordem pública; c) isentem de indenização o contratante, em caso de inadimplemento da obrigação *principal*; e d) interessem diretamente à vida e à integridade física das pessoas naturais" (AZEVEDO, Antonio Junqueira de. Cláusula cruzada de não indenizar (*cross waiver of liability*), ou cláusula de não indenizar com eficácia para ambos os contratantes. Renúncia ao direito de indenização. Promessa de fato de terceiro. Estipulação em favor de terceiros. *In*: AZEVEDO, Antonio Junqueira de. *Estudos e pareceres de direito privado*. São Paulo: Editora Saraiva, 2004. p. 201).

pessoas naturais; e (iv) a limitação ou exoneração, conforme o caso, não pode dizer respeito à obrigação principal.

Passaremos a seguir a expor cada um dos referidos requisitos apontados pela doutrina, de modo a verificar se a limitação da obrigação de indenizar por meio da exclusão de determinados danos, no âmbito de operações de M&A, atende aos requisitos de validade usualmente apontados pela doutrina.[136]

Dolo e culpa grave

Com relação ao primeiro requisito, a doutrina entende que, caso o evento que deu causa à indenização seja decorrente de dolo do devedor, a cláusula de limitação ou exoneração não será aplicável. Dolo, como ensina Pontes de Miranda, deve ser entendido como "artifício ou o expediente astucioso, empregado para induzir alguém à prática de um acto jurídico, que o prejudica, aproveitando ao autor do dolo ou a terceiro".[137] Há, nas palavras de Judith Martins-Costa, um "consciente e reprovável enganar a outrem".[138]

Os argumentos tradicionais para tal requisito são a quebra de confiança do credor no devedor, a incompatibilidade com a natureza jurídica coercitiva da obrigação ao facultar ao devedor adimplir ou não com sua obrigação contratual (o que, nas palavras de Antonio Junqueira de Azevedo, representaria uma "autorização para delinquir")[139] e violação à boa-fé. Há ainda alguns autores que ressaltam o aspecto da imoralidade do pacto.[140]

[136] Como mencionado anteriormente, o objetivo desta seção não é esgotar a análise de cada requisito em si. Para uma análise mais profunda a respeito de cada requisito, *vide*: FERNANDES, Wanderley. *Cláusulas de exoneração e de limitação de responsabilidade.* São Paulo: Saraiva, 2013. p. 209-266.

[137] PONTES DE MIRANDA, Francisco Cavalcanti. *Tratado de direito privado.* t. IV. 2. ed. § 449. Rio de Janeiro: Borsói, 1954. p. 326.

[138] MARTINS-COSTA, Judith. Os regimes do dolo civil no direito brasileiro: dolo antecedente, vício informativo por omissão e por comissão, dolo acidental e dever de indenizar. *Revista dos Tribunais.* n. 923, p. 115-144, set. 2012. Acesso pela RT Online, p. 2. É diferente, portanto, do erro, em que não há indução alheia.

[139] AZEVEDO, Antonio Junqueira de. Cláusula cruzada de não indenizar (*cross waiver of liability*), ou cláusula de não indenizar com eficácia para ambos os contratantes. Renúncia ao direito de indenização. Promessa de fato de terceiro. Estipulação em favor de terceiros. *In*: AZEVEDO, Antonio Junqueira de. *Estudos e pareceres de direito privado.* São Paulo: Editora Saraiva, 2004. p. 201.

[140] BIANCA, C. Massimo. Commentario del Codice Civile a cura di Antonio Scialoja e Giuseppe Branca. *Dell'inadempimento dele obbligazioni.* Art. 1218-1229. Bologna: Nicola

Nos países do sistema de *common law*, Wanderley Fernandes explica que o requisito tem fundamento nos princípios de *good faith* e *expectation and reliance*, pela confiança e expectativa gerada no credor no cumprimento da promessa.[141]

Embora a doutrina seja praticamente unânime em rejeitar a validade das cláusulas de não indenizar em casos de dolo, inclusive para cláusulas limitadoras de responsabilidade, há autores que indicam dois aspectos em que a cláusula de exoneração pode diferir da de limitação com relação ao requisito do dolo.

Parte da doutrina invoca a proibição de condições puramente potestativas,[142] que em nosso direito está prevista nos art. 122 e 123, II, do Código Civil, como fundamento para a inadmissibilidade da cláusula de exclusão de responsabilidade em casos de dolo. O reconhecimento da cláusula de exoneração de responsabilidade como uma condição puramente potestativa, no entanto, teria consequências muito mais graves do que a invalidade da cláusula, tendo em vista que, nos termos dos arts. 122 e 123, II, do Código Civil brasileiro, a cláusula puramente potestativa é tida como ilícita, sendo considerado inválido o negócio jurídico que lhe é subordinado, e não apenas a cláusula.

De acordo com outro fundamento da diferenciação entre cláusulas excludentes e cláusulas limitadoras, invocado pelo professor Wanderley

Zanichelli Editore, 1967. p. 397 *apud* FERNANDES, Wanderley. *Cláusulas de exoneração e de limitação de responsabilidade.* São Paulo: Saraiva, 2013. p. 210; BIANCA, C. Massimo. *Diritto civile,* v. V, ristampa settembre 2004. Milano: Giuffrè Editore, 1994. p. 65.

141 FERNANDES, Wanderley. *Cláusulas de exoneração e de limitação de responsabilidade.* São Paulo: Saraiva, 2013. p. 210-211.

142 Ana Prata é uma das principais juristas que defende essa linha de argumentação, por entender que a cláusula transforma uma obrigação civil em obrigação natural, retirando do credor o instrumento de satisfação última, que é a indenização (PRATA, Ana. *Cláusulas de exclusão e limitação da responsabilidade contratual.* Coimbra: Livraria Almedina, 1985. p. 285-286). No Brasil, Nilson Lautenschleger Jr afirma que: "No dolo não há discrepância no direito comparado quanto à inaplicabilidade da cláusula excludente, vez que o *pacto de dolo non prestando* permitira, já na concepção dos romanos, que a relação permanecesse ao inteiro alvedrio de só uma das partes, desequilibrando totalmente a relação *debitum* (*Shuld*) e *obligatio* (*Haftung*) e representasse verdadeiro pacto leonino, este vedado pela lei brasileira no artigo 115 do Código Civil vigente e 122 do novo Código Civil" (LAUTENSCHLEGER JR, Nilson. Limitação de responsabilidade na prática contratual brasileira – permite-se no Brasil a racionalização dos riscos do negócio empresarial? *Revista de Direito Mercantil.* n. 125, p. 14, abr./jun. 2002).

Fernandes, em casos de dolo, a exoneração total de responsabilidade torna ineficaz a operação econômica a ela relacionada, por ser a tutela do crédito justamente uma das finalidades da responsabilidade civil.[143]

No mesmo sentido que António Pinto Monteiro e José de Aguiar Dias, entendemos que a cláusula de exclusão não representa uma faculdade do devedor de não cumprir a obrigação, mas apenas afasta uma das consequências de seu inadimplemento, que é o pagamento de perdas e danos, mantendo o credor a faculdade de exigir o cumprimento do contrato,[144] entre os demais instrumentos referidos na seção 1.1. A cláusula excludente, portanto, não deve se confundir com uma condição puramente potestativa. Como resultado, o requisito do dolo tem o mesmo fundamento tanto para as cláusulas de exoneração quanto para as cláusulas de limitação, que é viciar o consentimento dado pela parte lesada com relação à cláusula de exoneração ou limitação de indenização aplicável naquele caso específico. Não se aplicam, portanto, os argumentos mencionados de comprometimento da função econômico-social da relação obrigacional e de proibição de condição puramente potestativa.

Vale acrescentar que, de acordo com o professor Wanderley, a não ocorrência de dolo do vendedor é o único requisito de validade próprio das cláusulas de exoneração e limitação de responsabilidade, sendo os demais requisitos genéricos aplicáveis a qualquer contrato.[145]

Para finalizar a exposição sobre o debate da doutrina a respeito da não admissibilidade da cláusula de não indenizar em casos de dolo, é importante destacar que grande parte da doutrina no Brasil e no exterior equiparam culpa grave a dolo e, assim, sustentam a invalidade da cláusula também nos casos de culpa grave.[146]

143 "A função econômico-social da relação obrigacional fica, assim, comprometida pela admissibilidade da exoneração da responsabilidade pelo descumprimento intencional da prestação. Afinal, o instituto da responsabilidade contratual tem também a função de tutela do crédito" (FERNANDES, Wanderley. *Cláusulas de exoneração e de limitação de responsabilidade.* São Paulo: Saraiva, 2013. p. 217).

144 MONTEIRO, António Pinto. *Cláusulas limitativas e de exclusão de responsabilidade civil.* 2. reimpr. Coimbra: Almedina, 2011. p. 186-187; DIAS, José de Aguiar. *Cláusula de não indenizar*: chamada cláusula de irresponsabilidade. 3. ed. rev. Rio de Janeiro: Forense, 1976. p. 66.

145 FERNANDES, Wanderley. *Cláusulas de exoneração e de limitação de responsabilidade.* São Paulo: Saraiva, 2013. p. 265.

146 A equiparação de culpa grave a dolo é motivo de divergência entre os principais doutrinadores e autores de monografias a respeito do tema. De um lado, José de Aguiar

Com relação a esse ponto, António Pinto Monteiro fundamenta a equiparação com base no princípio da boa-fé e na dificuldade prática de provar a intenção dolosa da culpa grave, afirmando o seguinte:

> Cremos que neste domínio se justifica amplamente esta equiparação, para efeitos de regime – nulidade – da cláusula de exclusão (e igualmente da cláusula limitativa), não só por razões de ordem prática – dificuldades em se provar a intenção dolosa e desejo de impedir <le méchant de joeur l'imbécile>, como também, e fundamentalmente, por respeito pelos valores que o princípio da boa-fé encerra, incompatível com o benefício da isenção da responsabilidade no caso de o devedor não observar regras elementares de prudência ou de revelar, pelo seu comportamento, não ter adoptado aquele esforço e diligência minimamente exigíveis, nas circunstâncias concretas.[147]

Antonio Junqueira de Azevedo afirma que, no âmbito das cláusulas de não indenizar, a culpa grave se equipara ao dolo pela intensidade da negligência, apesar de não ter o elemento subjetivo da intenção ou assunção do risco de produzir resultado danoso que o dolo tem. Essa equipara-

Dias, Agostinho Alvim e Fábio Henrique Peres defendem que não é possível equiparar culpa grave a dolo; de outro lado, Antonio Junqueira de Azevedo, Sérgio Cavalieri e Wanderley Fernandes defendem a equiparação. *Vide*: ALVIM, Agostinho. *Da inexecução das obrigações e suas consequências*. 5. ed. São Paulo: Saraiva, 1980. p. 336-337; DIAS, José de Aguiar. *Cláusula de não indenizar*: chamada cláusula de irresponsabilidade. 3. ed. rev. Rio de Janeiro: Forense, 1976. p. 97 e ss; PERES, Fábio Henrique. *Cláusulas contratuais excludentes e limitativas do dever de indenizar*. São Paulo: Quartier Latin do Brasil, 2009. p. 174-179; AZEVEDO, Antonio Junqueira de. Nulidade de cláusula limitativa de responsabilidade em caso de culpa grave. Caso de equiparação entre dolo e culpa grave. Configuração da culpa grave em caso de responsabilidade profissional. *In*: AZEVEDO, Antonio Junqueira de. *Novos estudos e pareceres de direito privado*. São Paulo: Saraiva, 2009. p. 431-435; CAVALIERI, Sérgio. *Programa de responsabilidade civil*. 12. ed. rev. ampl. São Paulo: Atlas, 2015. p. 638-639; e FERNANDES, Wanderley. *Cláusulas de exoneração e de limitação de responsabilidade*. São Paulo: Saraiva, 2013. p. 222-230. Com relação ao direito comparado, Nilson Lautenschleger Jr destaca que a tendência é reconhecer a proibição da limitação por culpa grave em países como Espanha, França, Itália, Alemanha e Suíça (LAUTENSCHLEGER JR, Nilson. Limitação de responsabilidade na prática contratual brasileira – permite-se no Brasil a racionalização dos riscos do negócio empresarial? *Revista de Direito Mercantil*. n. 125, p. 14, abr./jun. 2002).

147 MONTEIRO, António Pinto. *Cláusulas limitativas e de exclusão de responsabilidade civil*. 2. reimpr. Coimbra: Almedina, 2011. p. 235-236. Para o autor, inclusive, a equiparação de culpa grave a dolo, com consequente nulidade da cláusula, se aplica ainda se formalmente estiver vedada apenas a exoneração da responsabilidade nos casos de dolo (*Ibid*., p. 234).

ção tem como justificativa "uma certa tendência à abusividade inerente a essas cláusulas, que, se admitidas sem restrição, levariam a um comportamento antissocial"[148] e, consequentemente, como proteção do princípio da função social do contrato, que é desrespeitado quando o contrato possui cláusulas abusivas.[149]

Além dos argumentos já citados, o professor Wanderley Fernandes também defende a equiparação entre dolo e culpa grave, acrescentando que outros fatores se sobrepõem à natureza distinta dos referidos institutos (que ele denomina de distinção qualitativa), como a tutela do crédito e a maior eficiência e qualidade econômica das relações.[150] Ademais, reconhece que há uma dificuldade prática em situações limítrofes de dolo, dolo eventual, culpa consciente e outros.[151]

Para fins desta obra e diante do extenso debate a respeito do tema, recomendamos (do ponto de vista do comprador) que a equiparação entre dolo e culpa grave esteja prevista contratualmente, para evitar questionamentos sobre sua equiparação – que, como vimos, é refutada por diversos autores. Não obstante, é importante reconhecer a dificuldade prática de provar, em cada caso concreto, se o vendedor agiu com dolo, culpa grave ou simplesmente com culpa. Nesse sentido, do ponto de vista do vendedor, a recomendação é que a equiparação não esteja prevista contratualmente (ou seja expressamente refutada), para que o vendedor possa estar protegido em situações limítrofes.

Em suma, concluímos que as cláusulas de limitação da obrigação de indenizar por meio da exclusão de determinados danos, no âmbito de operações de M&A, são válidas, porém a limitação pode não ser válida caso a hipótese de indenização tenha sido resultado de dolo (e, eventualmente, culpa grave) cometido pelo vendedor em sua relação com o comprador.

148 Azevedo, Antonio Junqueira de. Nulidade de cláusula limitativa de responsabilidade em caso de culpa grave. Caso de equiparação entre dolo e culpa grave. Configuração da culpa grave em caso de responsabilidade profissional. *In*: Azevedo, Antonio Junqueira de. *Novos estudos e pareceres de direito privado*. São Paulo: Editora Saraiva, 2009. p. 432.

149 *Ibid.*, p. 433.

150 Fernandes, Wanderley. *Cláusulas de exoneração e de limitação de responsabilidade*. São Paulo: Saraiva, 2013. p. 224-227.

151 *Ibid.*, p. 227.

Violação de norma cogente e respeito à ordem pública

O segundo requisito de validade é, na verdade, um requisito de validade aplicável a qualquer disposição contratual, não sendo de aplicação específica para as cláusulas excludentes e limitadoras do dever de indenizar. É princípio geral de nosso ordenamento jurídico, expresso no art. 122[152] do Código Civil, que prevê que negócios jurídicos não podem ser contrários à lei, à ordem pública ou aos bons costumes. Como bem resume Sérgio Cavalieri, esse requisito significa que "onde não há possibilidade de contratar, é campo interdito à cláusula de não indenizar".[153]

Para atendimento desse requisito, é importante que se confirme o atendimento dos requisitos de nulidade previstos no art. 166,[154] em especial, II e VII, do Código Civil e os requisitos de invalidade do art. 122 do Código Civil, bem como que se verifique se há lei especial que proíba a limitação ou a exclusão do dever de indenizar, como é o caso do Código de Defesa do Consumidor,[155] em seus art. 25[156] e 51.[157]

[152] "Art. 122. São lícitas, em geral, todas as condições não contrárias à lei, à ordem pública ou aos bons costumes; entre as condições defesas se incluem as que privarem de todo efeito o negócio jurídico, ou o sujeitarem ao puro arbítrio de uma das partes."

[153] Cavalieri, Sérgio. *Programa de responsabilidade civil.* 12. ed. rev. ampl. São Paulo: Atlas, 2015, p. 637. Não cabe discutir, neste livro, as diferenças e os conceitos envolvendo "normas cogentes", "normas de ordem pública" ou, simplesmente, "ordem pública". Nesse sentido, optamos por utilizar a expressão de maneira mais genérica, como "*violação de norma cogente e respeito à ordem pública*".

[154] "Art. 166. É nulo o negócio jurídico quando: I – celebrado por pessoa absolutamente incapaz; II – for ilícito, impossível ou indeterminável o seu objeto; III – o motivo determinante, comum a ambas as partes, for ilícito; IV – não revestir a forma prescrita em lei; V – for preterida alguma solenidade que a lei considere essencial para sua validade; VI – tiver por objetivo fraudar lei imperativa; VII – a lei taxativamente o declarar nulo, ou proibir-lhe a prática, sem cominar sanção."

[155] "[...] cabe dizer que a cláusula de não indenizar, de modo geral, não encontra expressa proibição legal. As cláusulas exonerativas – e, às vezes, até mesmo as limitativas – somente encontram vedação em leis especiais; o fato é excepcional; ocorre, por exemplo, no Código de Defesa do Consumidor" (Azevedo, Antonio Junqueira de. Cláusula cruzada de não indenizar (*cross waiver of liability*), ou cláusula de não indenizar com eficácia para ambos os contratantes. Renúncia ao direito de indenização. Promessa de fato de terceiro. Estipulação em favor de terceiros. *In*: Azevedo, Antonio Junqueira de. *Estudos e pareceres de direito privado.* São Paulo: Editora Saraiva, 2004. p. 203).

[156] "Art. 25. É vedada a estipulação contratual de cláusula que impossibilite, exonere ou atenue a obrigação de indenizar prevista nesta e nas seções anteriores."

[157] "Art. 51. São nulas de pleno direito, entre outras, as cláusulas contratuais relativas ao fornecimento de produtos e serviços que: I – impossibilitem, exonerem ou atenuem a

Há autores, vale apontar, que, por considerarem a obrigação de indenizar como norma de ordem pública, entendem que a exclusão total de responsabilidade é vil e não admitida no Brasil.[158] Não obstante, conforme já mencionado no capítulo anterior, as cláusulas de limitação e de exoneração de indenização são exceções ao regime geral de responsabilidade civil que foram negociadas entre as partes de determinada relação jurídica como instrumento de alocação de riscos. Como já referido anteriormente, a cláusula de exclusão não causa o afastamento da responsabilidade, mas sim de um de seus efeitos, que é a obrigação de indenizar, mantendo o credor a faculdade de exigir o cumprimento do contrato e recorrer aos os demais instrumentos referidos na seção 1.1.

Entendemos, portanto, que esse requisito não afeta a validade das cláusulas de limitação da obrigação de indenizar por meio da exclusão de determinados danos, no âmbito de operações de M&A.

Morte ou lesão à vida ou integridade física

O terceiro requisito trata, na verdade, de um desdobramento do segundo requisito de validade (violação de norma cogente e respeito à ordem pública), voltado à proteção específica: (i) do princípio constitucional da dignidade da pessoa humana, previsto no art. 1º, III, combinado com art. 5º, *caput*, da Constituição Federal;[159] e (ii) dos direitos da personalidade (incluindo integridade física), que, nos termos do art. 11[160] do Código Civil, são intransmissíveis e irrenunciáveis.[161] Dessa maneira, apenas as pessoas físicas estão protegidas por esse requisito.

responsabilidade do fornecedor por vícios de qualquer natureza dos produtos e serviços ou impliquem renúncia ou disposição de direitos. Nas relações de consumo entre o fornecedor e o consumidor pessoa jurídica, a indenização poderá ser limitada, em situações justificáveis."

158 LAUTENSCHLEGER JR, Nilson. Limitação de responsabilidade na prática contratual brasileira – permite-se no Brasil a racionalização dos riscos do negócio empresarial? *Revista de Direito Mercantil*. n. 125, p. 12, abr./jun. 2002.

159 AZEVEDO, Antonio Junqueira de. Cláusula cruzada de não indenizar (*cross waiver of liability*), ou cláusula de não indenizar com eficácia para ambos os contratantes. Renúncia ao direito de indenização. Promessa de fato de terceiro. Estipulação em favor de terceiros. *In*: AZEVEDO, Antonio Junqueira de. *Estudos e pareceres de direito privado*. São Paulo: Editora Saraiva, 2004. p. 201.

160 "Art. 11. Com exceção dos casos previstos em lei, os direitos da personalidade são intransmissíveis e irrenunciáveis, não podendo o seu exercício sofrer limitação voluntária."

161 FERNANDES, Wanderley. *Cláusulas de exoneração e de limitação de responsabilidade*. São Paulo: Saraiva, 2013. p. 231.

Em outras palavras, esse requisito significa que o dano moral à pessoa física que acarrete morte, lesão à vida ou à integridade física não podem estar sujeitos à cláusula de limitação ou exoneração de responsabilidade. Esse requisito é aplicável, portanto, apenas aos casos em que uma das partes é pessoa física (ou seja, acaba sendo mais relevante na maioria dos casos quando o comprador ou o investidor é pessoa física, já que as hipóteses de indenização em benefício do vendedor são mais limitadas).

Importante destacar o posicionamento da jurista Maria Celina Bodin de Moraes, que sustenta que, justamente em razão da tutela constitucional do dano moral (definido por ela como lesão a qualquer dos aspectos da dignidade humana), sua reparação não pode ser limitada de qualquer modo.[162] Por conseguinte, sob essa perspectiva, qualquer dano moral causado a pessoa física tampouco poderia ser excluído da cláusula de indenização.

Apesar de a aplicabilidade de danos extrapatrimoniais a pessoas jurídicas ainda ser objeto de discussão entre a doutrina, considerando a orientação jurisprudencial e de parte da doutrina majoritária, conforme explicado anteriormente, entendemos que o dano extrapatrimonial incorrido por pessoa jurídica poderá ser objeto de cláusula de limitação de responsabilidade, a despeito do previsto no art. 52[163] do Código Civil, tendo em vista que a tutela constitucional abrange apenas as pessoas físicas.[164] Esse requisito não é aplicável, portanto, para contratos firmados entre pessoas jurídicas. Para contratos firmados com pessoas físicas, a eventual exclusão de danos morais da cláusula de indenização poderia ser contestada em razão do requisito ora descrito.

162 "Além disto, em decorrência da tutela geral estabelecida em nível constitucional, a reparação do dano moral não poderá ser limitada, mediante imposição de "tetos", por legislação infraconstitucional, que, se anterior à Constituição, deverá ser considerada como não recepcionada e, se posterior, deverá ser tida por inconstitucional." MORAES, Maria Celina Bodin de. *Danos à pessoa humana*: uma leitura civil-constitucional dos danos morais. Rio de Janeiro: Renovar, 2003. p. 190.

163 "Art. 52. Aplica-se às pessoas jurídicas, no que couber, a proteção dos direitos da personalidade."

164 No mesmo sentido: MORAES, Maria Celina Bodin de. *Danos à pessoa humana*: uma leitura civil-constitucional dos danos morais. Rio de Janeiro: Renovar, 2003. p. 191; FERNANDES, Wanderley. Cláusulas de exoneração e de limitação de responsabilidade. São Paulo: Saraiva, 2013. p. 246-247; PERES, Fábio Henrique. Cláusulas contratuais excludentes e limitativas do dever de indenizar. São Paulo: Quartier Latin do Brasil, 2009. p. 152.

Limitação ou exoneração relativa à obrigação principal

O quarto requisito de validade apontado pela doutrina é, na verdade, um requisito cuja interpretação é motivo de debates na doutrina nacional. A interpretação mais comum dada pela maioria dos autores é a de que a cláusula de não indenizar é inválida com relação a obrigações principais (ou essenciais). A lógica de tal interpretação é similar à questão do dolo discutida anteriormente: o contrato seria um negócio jurídico abusivo, pois o contratante beneficiado somente cumpriria a obrigação se quisesse, em desrespeito à proibição de condições puramente potestativas.[165]

Fábio Henrique Peres, no entanto, ressalva que esse requisito se aplica para alguns casos, apenas, em que não há instrumentos jurídicos capazes de tutelar a posição do credor como contratos de depósito e de estacionamento e obrigações personalíssimas.[166] Nesses casos, a essência da relação jurídica ficaria desnaturada. Por outro lado, nos casos em que o ordenamento jurídico prevê outros mecanismos para tutelar o credor, como no de um contrato de compra e venda de ações, as cláusulas de não indenizar não deveriam ser consideradas nulas.[167]

Mais recentemente, Wanderley Fernandes se posicionou no sentido de que, apesar de propagado pela doutrina, José de Aguiar Dias e Antonio Junqueira de Azevedo não estavam se referindo ao descumprimento de obrigação principal como um requisito de validade. Em sua opinião, José de Aguiar Dias, ao mencionar "transferência de obrigações essenciais",[168]

[165] AZEVEDO, Antonio Junqueira de. Cláusula cruzada de não indenizar (*cross waiver of liability*), ou cláusula de não indenizar com eficácia para ambos os contratantes. Renúncia ao direito de indenização. Promessa de fato de terceiro. Estipulação em favor de terceiros. *In*: AZEVEDO, Antonio Junqueira de. *Estudos e pareceres de direito privado*. São Paulo: Editora Saraiva, 2004. p. 201.

[166] PERES, Fábio Henrique. *Cláusulas contratuais excludentes e limitativas do dever de indenizar*. São Paulo: Quartier Latin do Brasil, 2009. p. 182-184.

[167] "Não necessariamente serão nulas as cláusulas de não indenizar que se refiram a obrigações principais de determinado contrato, mas apenas quando tais cláusulas acabem por desfigurá-lo, extraindo totalmente a eficácia da tutela jurídica e afetando a essência dos aspectos funcionais do contrato. Sugerimos, como critério objetivo para delimitar essa distinção, a aferição casuística da suficiência, ou não, dos demais instrumentos oferecidos pelo ordenamento para tutelar a posição do credor – execução específica, *astreintes*, cláusula resolutiva expressa ou tácita, exceção de contrato não cumprido e exercício de eventual direito de retenção – e garantir a efetividade da avença contratual" (*Ibid*., p. 185-186).

[168] DIAS, José de Aguiar. Da responsabilidade civil. v. II. 10. ed. Rio de Janeiro: Forense, 1995. p. 672.

se referiu "aos limites da definição do conteúdo da obrigação principal".[169] Antonio Junqueira de Azevedo, por sua vez, estaria se referindo apenas às cláusulas de exoneração, e não às de limitação.[170] Wanderley conclui, então, que:

> Nossa posição é a de que não há, no direito brasileiro, fundamento legal que torne nula, *per se*, a cláusula de limitação ou de exoneração de responsabilidade quando ligada ao descumprimento da obrigação principal. Entendemos que, tal como demonstra a evolução do conceito de *fundamental breach* ou *breach of a fundamental term*, desenvolvido pelos países de tradição da *common law*, a violação da obrigação principal não pode ser tomada como um elemento de validade ou não da cláusula, mas poderá ser fundamento para a sua interpretação.[171]

Com relação ao conceito de *fundamental breach* ou *breach of a fundamental term*, referido no trecho anterior, o autor esclarece que ele foi desenvolvido pela jurisprudência inglesa e americana como um critério de validade para as *exclusion clauses*, com o argumento de que a cláusula não pode ser inconsistente ou destrutiva da própria essência do contrato.[172] No entanto, de acordo com o autor, o referido conceito foi perdendo força, mantendo-se apenas como um princípio de interpretação restritiva.[173] Em outras palavras, isso significaria que a cláusula de não indenizar não poderia ser considerada inválida de imediato no caso de um *fundamental breach* ou *breach of a fundamental term*, mas apenas que deve ser analisada caso a caso.

No Brasil, é comum a utilização do conceito de "declarações fundamentais" ou "matérias fundamentais", às quais não se aplicam as limitações previstas na cláusula de indenização (inclusive limitações quantitativas). Nesse conceito, é recorrente no mercado a inclusão das declarações e garantias que confirmam a capacidade das partes, a necessidade de consentimentos de terceiros para fechamento da operação e a titularidade das ações ou quotas. Além de declarações e garantias, tais termos também incluem perdas decorrentes de dolo ou fraude, bem como de eventuais aspectos muito

[169] FERNANDES, Wanderley. *Cláusulas de exoneração e de limitação de responsabilidade*. São Paulo: Saraiva, 2013. p. 254.

[170] *Ibid.*, p. 255.

[171] *Ibid.*, p. 256.

[172] *Ibid.*, p. 256-259.

[173] *Ibid.*, p. 259-260.

específicos ao caso, às partes ou às atividades desenvolvidas pela sociedade objeto da aquisição (como violação de leis anticorrupção).

Independentemente de qual era a intenção original de José de Aguiar Dias e Antonio Junqueira de Azevedo, considerando a posição majoritária da doutrina no sentido de considerar como um requisito de validade a não inclusão da obrigação principal na limitação ou exoneração de responsabilidade e sem entrar no mérito se esse requisito faz ou não sentido, entendemos que o conceito de "declarações fundamentais" ou "matérias fundamentais" utilizado na prática de mercado como uma exceção às limitações à indenização previstas contratualmente, tal como brevemente descrito, está alinhado com o requisito ora em discussão. Desse modo, a validade das cláusulas de limitação da obrigação de indenizar por meio da exclusão de determinados danos, no âmbito de operações de M&A, não deve ser afetada por esse requisito.

Reciprocidade, manutenção do equilíbrio econômico e outras regras de interpretação

Além dos requisitos de validade, a doutrina ressalta dois aspectos da relação obrigacional considerados relevantes para a análise das cláusulas de não indenizar. O primeiro deles é a reciprocidade. Antonio Junqueira de Azevedo, em seu parecer a respeito de cláusulas de não indenizar, afirma que o fato de as vantagens e desvantagens da cláusula de não indenizar serem recíprocas denota respeito ao equilíbrio contratual e ao princípio da boa-fé objetiva.[174]

Na mesma linha de raciocínio, Fábio Henrique Peres propõe que a manutenção do equilíbrio econômico seja tida como um requisito adicional de validade da cláusula de não indenizar, na medida em que a existência de paridade entre as partes possibilita a ocorrência de uma negociação de fato entre elas, com concessões feitas de uma parte a outra, sem que haja imposições de um lado, apenas.[175] Em uma relação paritária, explica

[174] "A reciprocidade, portanto, impede a existência de qualquer defeito de contrariedade à boa-fé objetiva e dá causa justificadora da atribuição dos direitos e obrigações" (AZEVEDO, Antonio Junqueira de. Cláusula cruzada de não indenizar (*cross waiver of liability*), ou cláusula de não indenizar com eficácia para ambos os contratantes. Renúncia ao direito de indenização. Promessa de fato de terceiro. Estipulação em favor de terceiros. *In*: AZEVEDO, Antonio Junqueira de. *Estudos e pareceres de direito privado*. São Paulo: Editora Saraiva, 2004. p. 200).

[175] PERES, Fábio Henrique. *Cláusulas contratuais excludentes e limitativas do dever de indenizar*. São Paulo: Quartier Latin do Brasil, 2009. p. 132-142.

o autor, a autonomia das partes é realçada, com os princípios da liberdade contratual, relatividade dos efeitos contratuais, obrigatoriedade dos contratos, boa-fé objetiva, equilíbrio econômico e função social do contrato.[176] Por fim, o autor acrescenta que, em um contrato negociado entre partes paritárias, a cláusula de não indenizar tem alguma contrapartida, direta ou indiretamente, podendo tal contrapartida ser uma convenção recíproca, uma redução no preço do bem adquirido ou serviço contratado ou, ainda, outras condições financeiras ou negociais mais benéficas para a contraparte.[177]

Entendemos que esses dois aspectos, reciprocidade e manutenção de equilíbrio econômico, *não* devem ser tratados como requisitos adicionais de validade da cláusula de indenização em operações de fusões e aquisições,[178] podendo ser considerados, no máximo, parâmetros de interpretação da relação contratual como um todo. Mesmo como parâmetros de interpretação, é importante que exista flexibilidade na análise para reconhecer situações em que os interesses das partes de determinada relação jurídica são tão distintos entre si que os referidos elementos perdem o sentido por completo. Expliquemos.

O sistema jurídico do direito comercial deve, de uma forma geral, reprimir situações de abuso no mercado que possam gerar insegurança e imprevisibilidade e, ao mesmo tempo, tutelar o crédito para estimular o fluxo de relações econômicas e incentivar o mercado.[179] A boa-fé nesse contexto desempenha papel fundamental no direito comercial, funcionando como

176 *Ibid.*, p. 134-135.

177 *Ibid.*, p. 137.

178 Wanderley Fernandes afirma, com relação à reciprocidade e à existência (ou não) de uma contrapartida à cláusula de não indenizar, que: "[...] tanto a reciprocidade quanto a existência de contrapartida podem ser elementos interpretativos aplicados ao caso específico, no sentido de verificação de razoabilidade da cláusula e sua conformidade com princípios de equidade e boa-fé; porém, em especial nas relações empresariais, não podem ser tomadas como requisito necessário de validade das convenções de modificação do regime geral da responsabilidade" (FERNANDES, Wanderley. *Cláusulas de exoneração e de limitação de responsabilidade.* São Paulo: Saraiva, 2013. p. 327).

179 "Em suma: ao direito compete preservar o mercado (i.e., a fluência das relações econômicas), viabilizando o "jogo" mediante um sistema que procura levar ao respeito de suas regras, entre as quais a do "pacta sunt servanda." FORGIONI, Paula A. A interpretação dos negócios empresariais no Novo Código Civil Brasileiro. *Revista de Direito Mercantil, Industrial, Econômico e Financeiro.* n. 130, p. 17, abr.-jun. 2003.

"catalisador da fluência das relações no mercado", reforçando a confiança dos agentes econômicos no sistema e diminuindo o risco.[180]

A boa-fé, no entanto, como alerta Paula Forgioni, "não pode ser confundida com equidade ou com 'consumerismo'".[181] Nesse sentido, o ordenamento jurídico brasileiro deve prever um tratamento diverso na interpretação de relações empresariais, tendo em vista as peculiaridades das relações mercantis (que são diferentes de uma relação de consumo, por exemplo).

Os cânones hermenêuticos do sistema de direito contratual brasileiro podem ser *gerais*, de fonte legal e de fonte doutrinária e costumeira ou *especiais*, de fonte legal, costumeira, negocial e doutrinária, convivendo entre si e funcionando como critérios prévios.[182] A título exemplificativo, são cânones hermenêuticos gerais, de fonte legal, os cânones previstos nos art. 112[183] e 113[184] do Código Civil, que tratam da intenção consubstanciada na declaração de vontade, interpretado conforme boa-fé e usos e costumes.

Os usos e costumes, em especial, são fatores extremamente relevantes para a interpretação de contratos de M&A,[185] tendo em vista que muitas de

[180] *Ibid.*, p. 27.

[181] *Ibid.*, p. 30.

[182] Martins-Costa, Judith. Como harmonizar os modelos jurídicos abertos com a segurança jurídica dos contratos? (Notas para uma palestra). *Revista Brasileira de Direito Civil* – RBDCivil. São Paulo, Editora Fórum, v. 5, p. 78-80, jul.-set. 2015. Muito válido reproduzir a crítica da jurista à má utilização (ou, até mesmo, falta dela) dos cânones hermenêuticos: "O problema é que esses critérios muitas vezes não são usados, ou são pouco, ou imperitamente empregados. [...] É mais fácil bradar que tal ou qual ato viola a função social do contrato – e com isto, pretender dar por encerrado o problema – do que se debruçar, por exemplo, num contrato de transporte marítimo, sobre os usos do setor, determinando, tecnicamente, se prevalece a regra dos usos, ou, ao contrário, a regra negocial. É mais fácil usar a torto e a direito uma expressão aberta como 'boa-fé', empregando-a de modo sempre igual, como se fosse uma régua de uma só medida ou uma etiqueta grosseira, seja um contrato de consumo, uma doação de pai para filho, seja um acordo de acionistas, do que procurar a sua densificação segundo critérios que considerem a sua função, o tipo de relação contratual em causa, a fase da relação obrigacional, apontando, nos elementos concretos do caso, as circunstâncias que importam na sua violação" (*Ibid.*, p. 80).

[183] "Art. 112. Nas declarações de vontade se atenderá mais à intenção nelas consubstanciada do que ao sentido literal da linguagem."

[184] "Art. 113. Os negócios jurídicos devem ser interpretados conforme a boa-fé e os usos do lugar de sua celebração."

[185] Sobre a interpretação de negócios comerciais, Paula Forgioni cita cinco fatores, quais sejam: (i) segurança e previsibilidade, que são necessárias para garantir a fluência das relações

suas disposições são resultado de prática de mercado, muitas vezes advindas da experiência de países do sistema de *common law*.

Como bem destaca Judith Martins-Costa "[...] os usos valorizam a 'normalidade e tipicidade' do agir privado"[186] e são importantes para esclarecer o sentido de uma disposição contratual, de uma norma jurídica ou até mesmo para preencher lacunas.[187]

Dessa maneira, a interpretação da cláusula de indenização de um contrato de M&A deverá levar em consideração os cânones hermenêuticos gerais e especiais, que incluem os princípios que regem nosso direito contratual,[188] os usos e costumes, a função da cláusula no contexto de

no mercado; (ii) texto deve permitir "adequada equação entre necessidade de segurança/previsibilidade e adaptação/flexibilização do direito"; (iii) poder de intervenção do Estado (como implementador de políticas públicas) sobre o mercado, estabelecendo o que é lícito e o que não é; (iv) força normativa dos usos e costumes adequada ao interesse público; e (v) usos e costumes como fonte de direito comercial (FORGIONI, Paula A. A interpretação dos negócios empresariais no Novo Código Civil Brasileiro. *Revista de Direito Mercantil, Industrial, Econômico e Financeiro*. n. 130, abril-junho/2003, p. 23).

186 MARTINS-COSTA, Judith. Os regimes do dolo civil no direito brasileiro: dolo antecedente, vício informativo por omissão e por comissão, dolo acidental e dever de indenizar. *Revista dos Tribunais*. n. 923, p. 115-144, set. 2012. Acesso pela RT Online, p. 9.

187 "Na função hermenêutica, o papel dos usos é *adjuvandi vel suplendi vel corrigendi*. Neste sentido, há interpretação e há integração, de modo que servem para melhor esclarecer o sentido de alguma declaração negocial ou regra legal, ou para preencher lacuna, ou mesmo para corrigir a letra da lei, em vista de uma disposição estrita que pareça incongruente com as circunstâncias negociais. Na dimensão interpretativa, os 'usos do tráfico' influenciam o próprio suporte fático do negócio jurídico, modelando o elemento volitivo de cada uma das partes. Na dúvida, é lícito ao intérprete supor a equivalência entre as manifestações de vontade e o sentido sugerido pela incidência destes ou daqueles usos." PONTES DE MIRANDA, Francisco Cavalcanti. *Tratado de direito privado*. t. I. atualizado por Judith Martins-Costa; Jorge Cesa FERREIRA da Silva; Gustavo Haical. São Paulo: Editora RT, 2012. p. 136 – conforme atualização ao parágrafo 20.

188 São eles o princípio da autonomia privada, o princípio da força obrigatória dos contratos, o princípio da relatividade das convenções, o princípio do equilíbrio contratual ou da equivalência material, o princípio da boa-fé objetiva e o princípio da função social do contrato (LOPEZ, Teresa Ancona. Princípios contratuais. *In*: FERNANDES, Wanderley (coord.). *Fundamentos e princípios dos contratos empresariais*. 2. ed. São Paulo: Saraiva, 2012. p. 26). Com relação à função social do contrato, há autores que defendem que o contrato de compra e venda de participação societária que não respeita a função social do contrato pode ser considerado abusivo. De acordo com Antonio Junqueira de Azevedo, "a nosso ver, há quatro grupos de casos em que a função social do contrato deixa de existir ou é desrespeitada: (i) os contratos que, por fatos supervenientes, sem que a prestação se torne impossível ou excessivamente onerosa, perdem sua razão de ser (por exemplo as hipóteses de frustração do fim do contrato

uma operação de compra e venda de participação societária, a relação contratual entre comprador e vendedor, os elementos concretos do caso (incluindo os elementos de interpretação fornecidos pelas partes no texto do contrato) e as circunstâncias especiais relacionadas ao evento gerador do direito à indenização.[189]

A reciprocidade, mencionada no início desta seção, embora possa ser um dos parâmetros indicativos de boa-fé, *não necessariamente* será verificada em uma relação empresarial. Pelo contrário, é possível que justamente a disparidade do tratamento jurídico seja objeto de negociação e parte da alocação de preço e riscos acordada entre as partes.[190]

Já a manutenção do equilíbrio do contrato, também referida, consubstancia um dos princípios que regem nosso direito contratual e deve servir apenas como um dos parâmetros de interpretação, conforme mencionado anteriormente. Admitir tal princípio como requisito de validade implicaria uma série de efeitos indesejados, especialmente em uma relação de compra e venda de participação societária, como eventuais discussões sobre se e em que medida uma condição específica é ou não contrapartida à cláusula de limitação de responsabilidade ou, ainda, discussões sobre a "justiça" do contrato e se ela é afetada por fatos supervenientes, por quebra de sinalagma.

As recentes alterações promovidas pela Lei n. 13.874, de 20 de setembro de 2019 (resultado da conversão da Medida Provisória n. 881, conhecida popularmente como "MP da liberdade econômica"), não podem ser

como nos *coronation cases*); (ii) os contratos de frustração antissocial (v.g., casos de quebra do direito da concorrência ou prejudiciais ao meio-ambiente); (iii) contratos que infringem a dignidade da pessoa humana em seu mínimo existencial; e (iv) contratos com cláusulas abusivas – que é o que agora nos importa. Nesse último grupo, há, no direito comum, algumas cláusulas que apresentam maior tendência à abusividade. É o caso da cláusula penal (veja-se, por exemplo, a previsão da regra do art. 413 do Código Civil), das cláusulas de exclusividade e não concorrência, das cláusulas resolutivas que admitam resilição unilateral e, por fim, das cláusulas de exclusão ou limitação da responsabilidade contratual" (AZEVEDO, Antonio Junqueira de. Nulidade de cláusula limitativa de responsabilidade em caso de culpa grave. Caso de equiparação entre dolo e culpa grave. Configuração da culpa grave em caso de responsabilidade profissional. *In*: AZEVEDO, Antonio Junqueira de. *Novos estudos e pareceres de direito privado.* São Paulo: Editora Saraiva, 2009. p. 433).

189 Não iremos abordar em detalhes todas as regras de interpretação aplicáveis ao tema em discussão. Para tanto, recomendamos a leitura de FERNANDES, Wanderley. *Cláusulas de exoneração e de limitação de responsabilidade.* São Paulo: Saraiva, 2013. p. 335-375.

190 *Ibid.*, p. 327.

ignoradas, especialmente no contexto de uma operação de M&A. Além de reiterarem a interpretação conforme a boa-fé e os usos e costumes, os novos parágrafos[191] acrescidos ao art. 113 do Código Civil dispõem como regra geral que negócios jurídicos devem ser interpretados de acordo com o sentido que for mais benéfico à parte que não redigiu o dispositivo. Em uma análise superficial, a nova regra referida parece fazer sentido em um contrato de adesão, no qual a parte contratante não tem poderes para efetivamente negociar os termos e condições do contrato.

Em uma operação de M&A, por outro lado, o novo dispositivo legal pode causar o efeito oposto ao consubstanciado no art. 112 do Código Civil, na medida em que pode levar a uma conclusão a respeito da interpretação de uma cláusula contratual que seja contrária à efetiva intenção das partes no momento da negociação. Determinadas cláusulas são incluídas em contratos de M&A, inclusive como uma condição não negociável (o famoso *deal breaker*). Em processos competitivos de venda de empresas, é comum que o vendedor solicite que os potenciais compradores entreguem as minutas dos contratos com seus comentários junto com suas cartas ofertas, para que seja possível avaliar a proposta de cada comprador como um todo, considerando preço e demais condições aplicáveis. Não é razoável que seja atribuída, após o processo de negociação e assinatura de um contrato de M&A, uma interpretação contrária a uma das partes apenas por ter sido a parte que redigiu o dispositivo no passado.

Felizmente, a nova lei também permitiu que as partes possam pactuar regras de interpretação diversas daquelas previstas em lei. Dessa maneira, a recomendação nesse ponto é que os contratos de M&A contenham previsão no sentido de afastar a aplicabilidade da regra do inciso IV, §1º, art. 113 do Código Civil.

O tratamento da reciprocidade e da manutenção de equilíbrio econômico como requisitos adicionais de validade não é cabível em uma opera-

[191] "§1º A interpretação do negócio jurídico deve lhe atribuir o sentido que: I – for confirmado pelo comportamento das partes posterior à celebração do negócio; II – corresponder aos usos, costumes e práticas do mercado relativas ao tipo de negócio; III – corresponder à boa-fé; IV – for mais benéfico à parte que não redigiu o dispositivo, se identificável; e V – corresponder a qual seria a razoável negociação das partes sobre a questão discutida, inferida das demais disposições do negócio e da racionalidade econômica das partes, consideradas as informações disponíveis no momento de sua celebração. §2º As partes poderão livremente pactuar regras de interpretação, de preenchimento de lacunas e de integração dos negócios jurídicos diversas daquelas previstas em lei."

ção de compra e venda de participação societária. Conclusões baseadas em quem redigiu o contrato ou a cláusula contratual também não devem se aplicar a operações de M&A. Existe um risco do negócio para ambas as partes. Abrir espaço para tais discussões pode acentuar o grau de insegurança jurídica em que as partes já se encontram, considerando a falta de clareza a respeito das proteções jurídicas da cláusula de indenização, gerando, inclusive, incerteza econômica.

2.3. *Exclusion clauses* na prática norte-americana e breve análise sobre alguns conceitos importantes (*consequential damages, direct damages, lost profits, incidental damages, diminution in value damages, damages based on multiple of earnings* e *punitive damages*)

Como visto no Capítulo 1 e nas seções anteriores, a cláusula de indenização de um contrato de M&A no Brasil utiliza diversos elementos extraídos do modelo contratual de países do sistema de *common law*, como EUA e Inglaterra, por motivos diversos[192]. Nesse contexto, as exclusões em cláusulas de indenização de determinadas espécies de danos são realizadas sem que exista um significado claro com relação aos termos utilizados, previsto em contrato ou na legislação brasileira.

Para auxiliar tanto o autor da cláusula quanto o intérprete (seja ele um juiz ou um árbitro) na determinação do significado e da aplicação dos termos utilizados, é imprescindível analisar o modelo estrangeiro utilizado como base e as funções e limitações das chamadas *exclusion clauses* nos países do sistema de *common law*.[193] Desse modo, o foco da presente seção é a análise das *exclusion clauses* e dos conceitos de *consequential damages, direct*

[192] Vale ressaltar que a prática de "importação" de modelos contratuais desenvolvidos nos Estados Unidos, na Inglaterra ou em outros países do sistema de *common law* não é exclusiva de operações de fusões e aquisições, ocorrendo também na redação e na negociação de contratos comerciais internacionais como um todo, como demonstra Giuditta Cordero-Moss em: CORDERO-MOSS, Giuditta. *Boilerplate clauses, international commercial contracts and the applicable law*. New York: Cambridge University Press, 2011. p. 9-10.

[193] Como explica Giuditta Cordero-Moss, a redação e a negociação de contratos comerciais internacionais (o que inclui contratos de fusões e aquisições) deveriam idealmente passar por um processo de (i) análise profunda do modelo estrangeiro utilizado como base, o que pressupõe um conhecimento extenso das funções das diversas cláusulas contratuais naquele sistema; (ii) comparação sistemática das leis do contrato original com as leis de regência; e (iii) realização de correções ou adaptações das cláusulas que são peculiares ao sistema de origem, mas não ao de regência. No entanto, como esse processo é extenso, é comum que

damages, lost profits, incidental damages, diminution in value damages, damages based on multiple of earnings e *punitive damages*, que frequentemente são objeto de *exclusion clauses* em operações de M&A no sistema de *common law*.[194]

Antes de prosseguir com a análise dos referidos institutos, vale resgatar alguns pontos de divergência e convergência entre sistemas de *common law* e *civil law*. No direito contratual norte-americano e no direito inglês, é dito que o *freedom of contract*, isto é, a liberdade de contratar, é o princípio que prevalece, sem que haja restrição da autonomia privada pela função social do contrato, como ocorre no Brasil.[195] O sistema norte-americano, em especial, é reconhecido como um sistema no qual prevalece uma visão funcional-econômica do contrato, em que a análise econômica do direito exerce uma influência muito grande.[196]

O princípio da boa-fé, previsto na maioria dos sistemas legais, principalmente em países de sistema *civil law*, também é utilizado de alguma forma em países de sistemas de *common law*, ainda que de modo diferente e com uma influência mais limitada comparativamente a determinados países do sistema *civil law*, como o Brasil.

Nos Estados Unidos, a boa-fé é prevista expressamente no Código Comercial Uniforme (*Uniform Commercial Code* – UCC) como um dever de conduta para o cumprimento e a execução de contratos comerciais. Como explica a professora Mariana Pargendler, há decisões judiciais nos

contratos comerciais reflitam a estrutura típica de um sistema jurídico diferente do sistema do país cujas leis regerão o contrato (*Ibid.*, p. 9-10).

194 Optou-se por manter os termos em inglês, com destaque em itálico, para evitar que determinada tradução atribua novos sentidos ou, de qualquer modo, afete a definição pretendida pelo termo em inglês.

195 Com relação ao direito norte-americano, *vide*: TIMM, Luciano Benetti. *Common law* e *contract law*: uma introdução ao direito contratual norte-americano. *In*: POSNER, Eric. *Análise econômica do direito contratual*: sucesso ou fracasso? Tradução e adaptação ao direito brasileiro: Luciano Benetti Timm, Cristiano Carvalho e Alexandre Viola. São Paulo: Saraiva, 2010. p. 86. Com relação ao direito inglês, *vide*: PEEL, Edwin. The common law tradition: application o boilerplate clauses under English law. *In*: CORDERO-MOSS, Giuditta. *Boilerplate clauses, international commercial contracts and the applicable law*. New York: Cambridge University Press, 2011. p. 134-135.

196 Nesse sentido, *vide*: FARNSWORTH, Edward Allan. *Contracts*. 4. ed. New York: Aspen Publishers, 2004. p. 30-31; TIMM, Luciano Benetti. *Common law* e *contract law*: uma introdução ao direito contratual norte-americano. *In*: POSNER, Eric. *Análise econômica do direito contratual: sucesso ou fracasso?* Tradução e adaptação ao direito brasileiro: Luciano Benetti Timm, Cristiano Carvalho e Alexandre Viola. São Paulo: Saraiva, 2010. p. 85.

Estados Unidos que inclusive utilizam a boa-fé como forma de preencher lacunas contratuais, impondo deveres e condutas além daqueles previstos contratualmente, ainda que tais decisões sejam menos frequentes e se utilizem do referido princípio de modo menos independente em comparação com alguns países do sistema de *civil law*.[197]

O direito inglês, por outro lado, foi historicamente mais relutante em adotar o princípio da boa-fé. Ainda que existam decisões judiciais mais recentes recepcionando o princípio da boa-fé, não é possível confirmar sua adoção pelo direito inglês.[198] Apesar de não existir um princípio postulado da boa-fé, Edwin Peel esclarece que as leis inglesas podem atingir resultados similares de outras formas, inclusive por meio do Judiciário, que tem espaço para realizar considerações a respeito de justiça, razoabilidade e boa-fé.[199]

O consenso que a doutrina parece atingir é o de que as diferenças existentes entre os sistemas jurídicos de países de *civil law* e *common law* estão gradualmente reduzindo, principalmente diante de um mundo globalizado.[200] Mariana Pargendler, em artigo recente sobre o tema, questiona se os sistemas anglo-saxônicos realmente privilegiam a liberdade contratual em comparação com sistemas romano-germânicos ou se essa afirmação é apenas um "estereótipo corriqueiro".[201] A autora defende que o direito

[197] PARGENDLER, Mariana. The role of the state in contract law. *The Yale Journal of International Law*, v. 43:143, p. 150-151, 2018. Disponível em: https://cpb-us-w2.wpmucdn.com/campuspress.yale.edu/dist/8/1581/files/2018/02/143_The-Role-of-the-State-in-Contract-Law-2416e28.pdf. Acesso em: 19 jan. 2019.

[198] *Ibid.*, p. 151-152. Vale acrescentar que parte dessas decisões mais recentes podem ter sido influenciadas pela aplicação do princípio da boa-fé em outros países da União Europeia. Em razão do Brexit, no entanto, é possível que o processo de adoção do referido princípio seja prejudicado.

[199] PEEL, Edwin. The common law tradition: application o boilerplate clauses under English law. *In*: CORDERO-MOSS, Giuditta. *Boilerplate clauses, international commercial contracts and the applicable law*. New York: Cambridge University Press, 2011. p. 134-135.

[200] PARGENDLER, Mariana. O direito contratual comparado em nova perspectiva: revisitando as diferenças entre os sistemas romano-germânico e de *common law*. *Revista Direito GV*. v. 13, n. 3. São Paulo, p. 3, set./dez. 2017. Disponível em http://www.scielo.br/scielo.php?script=sci_arttext&pid=S1808-24322017000300796&lng=pt&nrm=iso&tlng=pt. Acesso em: 20 fev. 2018. No mesmo sentido: TIMM, Luciano Benetti. *Common law* e *contract law*: uma introdução ao direito contratual norte-americano. POSNER, Eric. *Análise econômica do direito contratual*: sucesso ou fracasso? Tradução e adaptação ao direito brasileiro: Luciano Benetti Timm, Cristiano Carvalho e Alexandre Viola. São Paulo: Saraiva, 2010. p. 80.

[201] PARGENDLER, Mariana. O direito contratual comparado em nova perspectiva: revisitando as diferenças entre os sistemas romano-germânico e de *common law*. *Revista Direito GV*. São

contratual nesses sistemas reflete o papel do Estado. Nos sistemas de *civil law*, o papel do Estado é maior, o que influencia não apenas nos arranjos contratuais (que ficam sujeitos, por exemplo, à revisão judicial), como também na exigibilidade de suas obrigações (que dispõe de execução específica). Resumidamente, a conclusão da autora a respeito desse ponto é que, embora os sistemas sejam distintos, os resultados são mais próximos do que se esperaria.

Por outro lado, no sistema de *common law*, "junto com a celebrada liberdade de contratar, há também uma considerável liberdade de violar",[202] que pode ser (ao menos parcialmente) explicada pela baixa intervenção estatal nos mecanismos de *enforcement* de obrigações contratuais.

Farnsworth explica que, nos Estados Unidos, há três tipos de interesses que podem ser tutelados nos casos de incumprimento de obrigação contratual:[203] (i) o *expectation interest*, que visa colocar a parte lesada na situação que estaria se o contrato tivesse sido cumprido, cujo valor é calculado com base no valor concreto que o contrato teria se tivesse sido cumprido (e não no que a parte esperava no momento de assinatura), similar ao que é chamado de interesse positivo nos países do sistema de *civil law*; (ii) o *reliance interest*, que visa colocar a parte lesada na posição que estaria se o contrato não tivesse sido celebrado, protegendo a confiança em vez da expectativa, similar ao que o sistema de *civil law* denomina de interesse negativo;[204] ou (iii) o *restitution interest*, cujo objeto não é garantir a exigibilidade de uma obrigação, mas sim prevenir o enriquecimento sem

Paulo, v. 13, n. 3. p. 2, set./dez. 2017. Disponível em http://www.scielo.br/scielo.php?script=sci_arttext&pid=S1808-24322017000300796&lng=pt&nrm=iso&tlng=pt. Acesso em: 20 fev. 2018.

[202] FARNSWORTH, Edward Allan. *Contracts*. 4. ed. New York: Aspen Publishers, 2004. p. 730 [tradução nossa]. Na língua original: "In any event, along with the celebrated freedom to make contracts goes a considerable freedom to break them as well".

[203] FARNSWORTH, Edward Allan. *Contracts*. 4. ed. New York: Aspen Publishers, 2004. p. 730-733.

[204] As noções de interesse positivo e interesse negativo serão tratadas nas seções 2.4 e 3.3 deste livro. Para um comparativo entre os conceitos de *reliance interest* e interesse positivo, bem como de *expectation interest* e interesse negativo, *vide*: STEINER, Renata Carlos. *Interesse positivo e interesse negativo*: a reparação de danos no direito privado brasileiro. 2016. Tese (Doutorado em Direito Civil) – Faculdade de Direito, Universidade de São Paulo, São Paulo, 2016. p. 85-89. Disponível em: http://www.teses.usp.br/teses/disponiveis/2/2131/tde-20082016-121314/. Acesso em: 3 jul. 2018.

causa, com foco na parte inadimplente, isto é, colocando a parte inadimplente na situação que estaria se o contrato não tivesse sido celebrado. O remédio-padrão para tutelar tais interesses, nos sistemas de *common law*, são as perdas e danos.

Ao se falar em perdas e danos decorrentes de violação de obrigação contratual nos países do sistema *common law*, é imprescindível resgatar o precedente inglês Hadley *vs.* Baxendale, já mencionado na seção 1.3. Apesar de proveniente de um caso inglês, o referido precedente é largamente utilizado tanto na Inglaterra quanto nos Estados Unidos e considerado um princípio básico para a reparação de violação de obrigações contratuais.[205] Em um breve resumo, trata-se de um caso em que uma fábrica de Gloucester contratou uma empresa de transporte para levar um equipamento quebrado para Greenwich. A entrega atrasou e a fábrica processou o transportador por *lost profits* relacionados aos lucros perdidos enquanto a fábrica estava inoperante (em razão do atraso na entrega do equipamento). A corte entendeu que apenas os danos que podem ser previstos devem ser indenizados e, nesse sentido, negou o pedido de *lost profits* da fábrica, concluindo que não era previsível, para o transportador, que o atraso na entrega pudesse acarretar o fechamento temporário da fábrica.

Para que danos oriundos de uma relação contratual sejam indenizáveis, tanto nos Estados Unidos quanto na Inglaterra, é necessário que eles sejam uma consequência natural, provável e razoavelmente previsível do inadimplemento, para que as partes possam estimar com antecedência os riscos financeiros aos quais estão sujeitas.[206] Essa é a regra supletiva (*default*) para

[205] West, Glenn D.; Duran, Sara G. Reassessing the "consequences" of consequential damage waivers in acquisition agreements. 63 *Business Lawyer* 777, p. 784, May 1, 2008. Disponível em: https://ssrn.com/abstract=2660962. Acesso em: 29 ago. 2017. Glenn West, em artigo posterior, esclarece que, por mais que se diga que o caso Hadley *vs.* Baxendale é o caso original que trata da regra de previsibilidade para limitação de responsabilidade, o francês Robert Pothier é, na verdade, o primeiro autor que tratou dessa ideia. Existe, inclusive, evidências de que suas ideias foram utilizadas em casos americanos anteriores à Hadley (West, Glenn D. Consequential damages redux: an updated study of the ubiquitous and problematic "excluded losses" provision in private company acquisition agreements. 70 *Business Lawyer* 971, p. 979, Jul. 21, 2015. Disponível em: https://ssrn.com/abstract=2597364. Acesso em: 29 ago. 2017).

[206] West, Glenn D.; Duran, Sara G. Reassessing the "consequences" of consequential damage waivers in acquisition agreements. 63 *Business Lawyer,* 777, p. 783, May 1, 2008. Disponível em: https://ssrn.com/abstract=2660962. Acesso em: 29 ago. 2017.

fixação de danos, aplicável quando o contrato for omisso e decorrente do precedente Hadley *vs.* Baxendale.

A regra resultante do precedente de Hadley é dividida pela doutrina em duas partes:

> (1) perdas indenizáveis decorrentes de inadimplemento sempre incluem perdas que resultem normalmente e naturalmente da violação de qualquer contrato similar; e (2) perdas indenizáveis decorrentes de inadimplemento também incluem outras perdas que sejam resultantes de circunstâncias especiais da parte lesada, desde que tais circunstâncias especiais sejam previamente comunicadas à outra parte no momento da celebração do contrato e, portanto, possam ser contempladas como uma consequência provável do inadimplemento do contrato em questão.[207]

A parte (1) ficou conhecida como *direct damages* e a parte (2), como *consequential damages.*[208]

Farnsworth esclarece que o teste de previsibilidade decorrente de Hadley considera o curso ordinário e se a parte inadimplente sabia dos fatos que tornariam os danos previsíveis no momento da celebração do contrato, não no momento da violação. O jurista ainda esclarece que a possibilidade de determinada perda decorrer da violação da obrigação é o que deve ser previsível para as partes, não a violação em si da obrigação. A perda deve ser considerada previsível quando for um resultado provável, não como uma decorrência necessária ou certa do inadimplemento.[209]

O autor ainda acrescenta, como uma contribuição norte-americana ao precedente Hadley, que os danos devem atender a um requisito de "razoável certeza", isto é, devem ser demonstrados por evidência clara e satisfatória, sem ficar abertos a especulações e conjeturas. Isso significa que o ônus de prova da parte credora em sistemas de *common law* em ações de

[207] *Ibid.*, p. 785, tradução nossa. No mesmo sentido: FARNSWORTH, Edward Allan. *Contracts.* 4. ed. New York: Aspen Publishers, 2004. p. 793.

[208] WEST, Glenn D.; DURAN, Sara G. Reassessing the "consequences" of consequential damage waivers in acquisition agreements. 63 *Business Lawyer,* 777, p. 791, May 1, 2008. Disponível em: https://ssrn.com/abstract=2660962. Acesso em: 29 ago. 2017. Interessante apontar a ressalva dos autores de que o caso Hadley ficou conhecido como o caso paradigmático envolvendo *consequential damages*, apesar de o referido termo não ser utilizado em nenhum momento (*Ibid.*, p. 784).

[209] FARNSWORTH, Edward Allan. *Contracts.* 4. ed. New York: Aspen Publishers, 2004. p. 795.

responsabilidade contratual é maior do que nas ações de *tort* (responsabilidade civil aquiliana).[210]

Apesar das limitações já impostas pelo sistema jurídico do *common law*, contratos de M&A nos Estados Unidos costumam prever cláusulas de limitação de responsabilidade por meio de exclusão de determinadas espécies de danos, como a exclusão de *consequential damages, lost profits, incidental damages, punitive damages* e, em alguns casos, exclusão até mesmo de *diminution in value damages* e *damages based on multiple of earnings*.[211]

Para entender a abrangência e o significado das referidas exclusões, vale fazer uma tentativa, em primeiro lugar, de sistematizar o significado de cada termo utilizado, com base nos ensinamentos de Farnsworth e em alguns artigos mais recentes de advogados da área. Importante notar que esse exercício é necessariamente preliminar justamente porque nem mesmo a literatura e a jurisprudência norte-americanas conseguiram ainda prever com clareza e precisão cada um de seus significados.

Muito se discute sobre o significado e a abrangência do termo *consequential damages*. Para alguns autores norte-americanos, o termo *consequential damages* é empregado sem que seja devidamente compreendido ou definido, o que acaba por resultar em decisões que não necessariamente refletem a pretensão das partes.[212]

[210] *Ibid.*, p. 799-800.

[211] *Ibid.*, p. 799. Também nesse sentido: (i) West, Glenn D. Consequential damages redux: an updated study of the ubiquitous and problematic "excluded losses" provision in private company acquisition agreements. 70 *Business Lawyer* 971, p. 973-976, Jul. 21, 2015. Disponível em: https://ssrn.com/abstract=2597364. Acesso em: 29 ago. 2017; (ii) Little, Robert B.; Babcock, Chris. Beware damage waiver provisions in M&A agreements. *Law 360*, p. 1, Jul. 13, 2012. Disponível em: https://www.law360.com/articles/360094/beware-damage-waiver-provisions-in-m-a-agreements. Acesso em: 28 dez. 2018; (iii) Smith, Edward P.; Narvaez, J. Patrick. Lost profit waivers — beware unintended consequences. *Law 360*, p. 1, May 14, 2014. Disponível em: https://www.law360.com/articles/537633/lost-profit-waivers-beware-unintended-consequences. Acesso em 28 dez. 2018.

[212] Para mais informações sobre os diferentes significados frequentemente atribuídos para o termo *consequential damages*, *vide*: (i) West, Glenn D.; Duran, Sara G. Reassessing the "consequences" of consequential damage waivers in acquisition agreements. 63 *Business Lawyer* 777, p. 788-789, May 1, 2008. Disponível em: https://ssrn.com/abstract=2660962. Acesso em: 29 ago. 2017; e (ii) WEST, Glenn D. Consequential damages redux: an updated study of the ubiquitous and problematic "excluded losses" provision in private company acquisition agreements. 70 *Business Lawyer* 971, p. 985-993, Jul. 21, 2015. Disponível em: https://ssrn.com/abstract=2597364. Acesso em: 29 ago. 2017. De acordo com os referidos

Consequential damages não se referem a perdas remotas, indiretas ou hipotéticas, ao contrário do que muitos podem acreditar. A maior parte do Judiciário norte-americano considera, como mencionado, que o termo *consequential damages* refere-se às perdas que sejam resultantes de circunstâncias especiais da parte lesada pelo inadimplemento (ou seja, a segunda parte do precedente de Hadley).[213] Para ser indenizado por *consequential damages*, o comprador deve provar que tais circunstâncias especiais foram comunicadas ou, de outra forma, eram de conhecimento do vendedor e, portanto, foram contempladas pelas partes no momento da celebração do contrato.

O requisito de previsibilidade do precedente Hadley sugere que *consequential damages* podem incluir perdas que sejam resultado natural do inadimplemento, porém que não sejam um resultado necessário dele, considerando o curso ordinário dos eventos.[214] Vale esclarecer: *direct damages* (ou *general damages*) não se refere apenas a danos que sejam resultado natural do inadimplemento. A definição de *direct damages* está ligada ao que é usual, presumidamente previsível, tal como descrito na primeira parte do precedente Hadley.[215]

artigos, algumas das definições usualmente atribuídas ao termo *consequential damages* são as seguintes: (a) danos que não decorrem da relação imediata entre comprador e vendedor, mas sim de perdas incorridas pela parte lesada em seus negócios, frequentemente com terceiros, resultantes ainda que parcialmente da violação; (b) perdas resultantes do inadimplemento da outra parte contratante para além das perdas que normalmente e necessariamente resultariam da violação caso determinadas circunstâncias especiais da parte lesada não tivessem ocorrido; (c) danos recuperáveis contratualmente que não se enquadram na categoria de *incidental damages* ou *direct damages*; (d) danos de natureza secundária, indireta; e (e) danos baseados nos benefícios que seriam obtidos se a obrigação tivesse sido adimplida ou nas perdas que a violação produziu (ao passo que os chamados *general* ou *direct damages* seriam os danos calculados com base no valor presente da obrigação assumida). Sobre a falta de clareza e precisão na utilização das *exclusion clauses*, e principalmente do termo *consequential damages*, *vide* ainda: Goldberg, Victor. *Consequencial damages and exclusion clauses*. The Center for Law and Economic Studies of Columbia University School of Law. Working paper n. 582, Mar. 20, 2018. Disponível em SSRN: https://papers.ssrn.com/sol3/papers.cfm?abstract_id=3141440. Acesso em: 5 abr. 2018.

213 West, Glenn D. Consequential damages redux: an updated study of the ubiquitous and problematic "excluded losses" provision in private company acquisition agreements. 70 *Business Lawyer* 971, p. 986, Jul. 21, 2015. Disponível em: https://ssrn.com/abstract=2597364. Acesso em: 29 ago. 2017.

214 *Ibid.*, p. 986.

215 West, Glenn D.; Duran, Sara G. Reassessing the "consequences" of consequential damage waivers in acquisition agreements. 63 *Business Lawyer* 777, p. 790, May 1, 2008.

Consequential damages tampouco devem ser confundidos com *lost profits. Lost profits* podem ser tanto *direct damages* quanto *consequential damages*, apesar de serem mais frequentemente considerados *consequential damages*. Dessa maneira, a inclusão do termo *lost profits* na cláusula de exclusão de responsabilidade não seria recomendada, porque pode acarretar a exclusão de *direct damages* que, não fosse a inclusão do termo, seriam indenizáveis.[216]

Outro termo frequentemente usado como se fosse sinônimo de *consequential damages* é *incidental damages*, cuja exclusão costuma ser redigida como um exemplo de *consequential damages* ou um subitem.[217] *Incidental damages*, no entanto, nada têm a ver com *consequential damages*; *incidental damages* referem-se aos custos adicionais incorridos após o inadimplemento em uma medida razoável para evitar a perda (ainda que sem sucesso).[218] Incluem, portanto, custos e despesas incorridos para evitar que outros danos sejam sofridos pela parte lesada, em razão do inadimplemento da outra parte.[219] Desse modo, incluir o referido termo em uma *exclusion clause* pode acabar causando a exclusão de um dano que, por ser considerado um *direct damage*, poderia ser indenizado, não fosse sua referência na *exclusion clause*.[220]

Disponível em: https://ssrn.com/abstract=2660962. Acesso em: 29 ago. 2017. Os autores, no referido artigo, recorrem à seguinte definição de *direct damages* decorrente de um caso ocorrido no Texas (Carlisle Corp. *vs.* Med. City Dallas): "significa aqueles danos que naturalmente e necessariamente fluem de um ato ilícito, que tão usualmente acompanham o tipo de violação demandada que a mera alegação da violação dá aviso suficiente, e conclusivamente se presume que tenha sido prevista ou contemplada pela parte como uma consequência de sua violação".

216 GOLDBERG, Victor. *Consequencial damages and exclusion clauses*. The Center for Law and Economic Studies of Columbia University School of Law. Working paper n. 582, p. 25, Mar. 20, 2018. Disponível em SSRN: https://papers.ssrn.com/sol3/papers.cfm?abstract_id=3141440. Acesso em: 5 abr. 2018.

217 SMITH, Edward P.; NARVAEZ, J. Patrick. Lost profit waivers — beware unintended consequences. *Law 360*, p. 1, May 14, 2014. Disponível em: https://www.law360.com/articles/537633/lost-profit-waivers-beware-unintended-consequences. Acesso em: 28 dez. 2018.

218 FARNSWORTH, Edward Allan. *Contracts*. 4. ed. New York: Aspen Publishers, 2004. p. 768.

219 WEST, Glenn D.; DURAN, Sara G. Reassessing the "consequences" of consequential damage waivers in acquisition agreements. 63 *Business Lawyer* 777, p. 789, May 1, 2008. Disponível em: https://ssrn.com/abstract=2660962. Acesso em: 29 ago. 2017.

220 SMITH, Edward P.; NARVAEZ, J. Patrick. Lost profit waivers — beware unintended consequences. *Law 360*, p. 1, May 14, 2014. Disponível em: https://www.law360.com/articles/537633/lost-profit-waivers-beware-unintended-consequences. Acesso em: 28 dez. 2018.

Na lista de danos excluídos da indenização, também é possível verificar a inclusão do termo *loss in value* ou *diminution in value*, bem como de *multiple of earnings*. *Loss in value* é a diferença do valor para o credor da obrigação violada, isto é, é a diferença para o comprador entre o valor da participação societária ou dos ativos da forma como foi acordado que seriam entregues (conforme a declaração e garantia correspondente) e o valor da participação societária ou dos ativos que foram efetivamente entregues.[221] *Multiple of earnings* é justamente uma das possíveis métricas de cálculo de preço de aquisição, bastante utilizada, pela qual o preço de aquisição é calculado com base em um múltiplo do EBITDA (e daí vem seu nome).[222] O *multiple of earnings* pode, inclusive, ser a base de cálculo do *diminution in value*.

A exclusão de *diminution in value* e de *multiple of earnings* é motivo de bastante discussão tanto em trabalhos acadêmicos quanto na prática da advocacia entre advogados de compradores e vendedores em operações de M&A. Do ponto de vista econômico, a preocupação do comprador é compreensível; seu objetivo é ser indenizado pelo valor correspondente ao preço que teria sido "pago a mais". Sua aceitação pelo vendedor, no entanto, não é tão simples assim. Esse ponto será objeto de uma análise mais profunda no Capítulo 3, com base no caso Abengoa *vs.* Ometto Agrícola.

Por ora, vale considerar que os autores norte-americanos divergem a esse respeito. De um lado, há quem defenda que a exclusão de *diminution in value damages* e *damages based on multiple of earnings* implica a exclusão de *direct damages* mensurados de acordo com o mercado, e não de *consequential damages*. Sob essa perspectiva, a inclusão desses termos em uma *exclusion clause* pode acabar causando a exclusão de um dano que poderia ser

[221] Farnsworth, Edward Allan. *Contracts*. 4. ed. New York: Aspen Publishers, 2004. p. 765.

[222] Para fins exemplificativos e colocando de uma forma bastante simplificada, o cálculo do preço de aquisição (ou de parte dele) com base em múltiplo de EBITDA é realizado da seguinte forma: multiplica-se o múltiplo acordado entre as partes pelo valor do EBITDA da sociedade-alvo em um período de tempo específico (por exemplo, 12 meses). Em um exemplo numérico, o preço (ou parcela dele) seria igual ao valor correspondente a 6 (múltiplo de EBITDA) multiplicado por R$ 1 milhão (EBITDA no período 12 meses), ou seja, R$ 6 milhões. Vale ressaltar que esse valor se refere à aquisição da totalidade do capital social de uma empresa. Dessa maneira, em uma aquisição de participação inferior a 100%, o preço seria o valor *pro rata* à participação adquirida do montante calculado nos termos anteriores.

indenizável, por ser considerado um *direct damage*, não fosse sua referência na *exclusion clause*.[223]

Um evento que possa tornar uma declaração e garantia falsa (como a omissão pelo vendedor de uma notificação de resolução contratual recebida de um cliente) pode impactar no EBITDA da empresa e, consequentemente, afetar a avaliação da empresa. Em tal caso, se o preço de aquisição tiver sido calculado com base em um múltiplo de EBITDA, então o valor da perda para o comprador não seria apenas o impacto da perda desse cliente para a empresa objeto da aquisição, mas sim a parte do preço de aquisição paga a mais.

Embora esse raciocínio faça sentido para o comprador do ponto de vista financeiro, há quem defenda que exigir indenização por *diminution in value* pode ser um esforço que não necessariamente valerá a pena para o comprador.[224] De acordo com esse raciocínio, a indenização com base no múltiplo de EBITDA (e não em seu valor real de perda) pode representar um valor que, apesar de relevante, não é suficiente para superar todos os outros fatores envolvidos em um litígio, como o impacto na administração da sociedade, a repercussão do processo e seu impacto nos contratos financeiros dos quais a sociedade é parte ou em sua capacidade de crédito.[225]

Por fim, outra espécie de indenização frequentemente excluída em contratos de M&A de sistemas de *common law* é o chamado *punitive damages*. No sistema norte-americano, *punitive damages* não são devidos no âmbito da responsabilidade contratual (*contract law*), apenas no âmbito da responsabilidade civil extracontratual (*tort law*).[226] Ademais, só podem ser con-

[223] WEST, Glenn D.; DURAN, Sara G. Reassessing the "consequences" of consequential damage waivers in acquisition agreements. 63 *Business Lawyer* 777, p. 803, May 1, 2008. Disponível em: https://ssrn.com/abstract=2660962. Acesso em: 29 ago. 2017.

[224] Este é o posicionamento de: SMITH, Laurence M. Diminution in value indemnification: is it worth the fight? p. 2-4, Spring 2011. Disponível em: https://www.csglaw.com/B8D11B/assets/files/News/diminution_in_value_indemnification_the_journal_of_private_equity_spring_2011.pdf. Acesso em: 17 nov. 2018.

[225] Laurence Smith destaca, ainda, que tais fatores podem ganhar maior relevância ainda se considerado o fator tempo também, tendo em vista que litígios levam tempo para serem resolvidos (*Ibid.*, p. 2).

[226] Nesse sentido: (i) WEST, Glenn D.; DURAN, Sara G. Reassessing the "consequences" of consequential damage waivers in acquisition agreements. 63 *Business Lawyer* 777, p. 779, May 1, 2008. Disponível em: https://ssrn.com/abstract=2660962. Acesso em: 29 ago. 2017; (ii) FARNSWORTH, Edward Allan. *Contracts*. 4. ed. New York: Aspen Publishers, 2004. p. 763-

cedidos em relações extracontratuais se provadas circunstâncias que se assemelham ao dolo (*malice, wantonnness, willfullness, oppression, fraud*, etc.), sendo fixados por um júri.[227] Tendo em vista que os *punitive damages* não se aplicam a relações contratuais, sua exclusão em uma cláusula de indenização de uma operação de M&A não deveria influenciar nos direitos e obrigações das partes.[228]

Como ensina Farnsworth, o princípio básico do cálculo de danos no sistema de *common law*, do ponto de vista de responsabilidade contratual, é que a parte que sofreu um dano deve ser compensada, em regra, por seu *expectation interest*, não devendo ser colocada em uma posição melhor do que estaria se o contrato tivesse sido devidamente cumprido. Não são consideradas indenizáveis, portanto, as seguintes perdas: (i) perdas que excedem o valor provado com certeza razoável (requisito de razoável certeza); e (ii) *punitive* ou *exemplary damages*.[229]

Esta seção buscou mostrar que o sistema de *common law*, de modo similar ao que ocorre no Brasil, também não prevê definições claras a respeito do que é indenizável e do que não é indenizável em uma operação de M&A. As *exclusion clauses* muitas vezes fazem referência a itens que não deveriam ser indenizáveis de qualquer forma, independentemente da existência de

764; e (iii) Timm, Luciano Benetti. Common law e contract law: uma introdução ao direito contratual norte-americano. *In*: Posner, Eric. ***Análise econômica do direito contratual: sucesso ou fracasso?*** Tradução e adaptação ao direito brasileiro: Luciano Benetti Timm, Cristiano Carvalho e Alexandre Viola. São Paulo: Saraiva, 2010. p. 106.

[227] Martins-Costa, Judith; Pargendler, Mariana Souza. Usos e abusos da função punitiva. Punitive damages e o Direito brasileiro. *CEJ*, Brasília, n. 28, p. 19, jan./mar. 2005.

[228] Embora não faça parte do escopo deste livro a análise profunda de *punitive damages*, cabe resgatar as origens do conceito, inclusive para fins de comparação com o direito brasileiro. Judith Martins-Costa e Mariana Pargendler explicam que a doutrina do *exemplary damages* foi criada na tradição anglo-saxônica para justificar indenização de danos extrapatrimoniais, de modo similar ao que ocorreu no Brasil. No entanto, no século XIX, os Estados Unidos e a Inglaterra ampliaram o conceito de *actual damages* para incluir não apenas os danos efetivos (compensatórios), mas também o prejuízo intangível. Como consequência, a função compensatória foi transferida para os *actual damages*, e os *exemplary damages* passaram a se referir exclusivamente a *punishment* e *deterrence*. O foco deixou, dessa forma, de ser sobre o dano e passou para a conduta do causador (Martins-Costa, Judith; Pargendler, Mariana Souza. Usos e abusos da função punitiva. Punitive damages e o Direito brasileiro. *CEJ*, Brasília, n. 28, p. 18-19, jan./mar. 2005).

[229] Farnsworth, Edward Allan. *Contracts*. 4. ed. New York: Aspen Publishers, 2004. p. 757-760.

exclusão específica (como *punitive damages*),[230] ou, ainda, utilizam termos (como *consequential damages*) que não são facilmente identificáveis ou definíveis. Como resultado, operadores do direito acabam descobrindo tarde demais se uma perda deve ser tida como um *consequential damage* ou um *direct damage*.[231]

Outro ponto relevante e comum com nosso direito é a dificuldade de garantir a forma pela qual as *exclusion clauses* serão interpretadas pelo Judiciário. A linha de definição das diferentes espécies de danos pode ser bastante tênue e variar de caso a caso, dependendo dos fatos envolvidos e da estrutura contratual. Como conclui Glenn West em seu artigo mais recente sobre o tema, os mesmos danos sofridos no âmbito de contratos diferentes podem ser considerados *consequential damages* em um caso e *direct damages* em outro.[232] Ademais, hipóteses específicas de indenização previstas em contrato podem ser consideradas *direct damages*,[233] pelo fato de estarem previstas contratualmente e atenderem aos requisitos aplicáveis.

Com base nas discussões ora expostas, alguns autores fizeram algumas recomendações bastante interessantes para aqueles que estão negociando uma *exclusion loss*. Tais recomendações foram resumidas na seguinte lista:[234]

- Ter cautela ao incluir termos na *exclusion clause*, para que a exclusão não inclua danos que, de outra forma, seriam *direct damages* e, por-

[230] WEST, Glenn D.; DURAN, Sara G. Reassessing the "consequences" of consequential damage waivers in acquisition agreements. 63 *Business Lawyer* 777, p. 778, May 1, 2008. Disponível em: https://ssrn.com/abstract=2660962. Acesso em: 29 ago. 2017.

[231] WEST, Glenn D. Consequential damages redux: an updated study of the ubiquitous and problematic "excluded losses" provision in private company acquisition agreements. 70 *Business Lawyer* 971, p. 993, July 21, 2015. Disponível em: https://ssrn.com/abstract=2597364. Acesso em: 29 ago. 2017.

[232] *Ibid.*, 991.

[233] GROSDIDIER, Pierre. Direct and consequential damages in contract disputes. *Law 360*, p. 3, Nov. 3, 2011. Disponível em: https://www.law360.com/articles/283053/direct-and-consequential-damages-in-contract-disputes. Acesso em: 28 dez. 2018.

[234] Preparada com base nas recomendações de: (i) WEST, Glenn D.; DURAN, Sara G. Reassessing the "consequences" of consequential damage waivers in acquisition agreements. 63 *Business Lawyer* 777, p. 805-807, May 1, 2008. Disponível em: https://ssrn.com/abstract=2660962. Acesso em: 29 ago. 2017; e (ii) LITTLE, Robert B.; BABCOCK, Chris. Beware damage waiver provisions in M&A agreements. *Law 360*, p. 2-3, Jul. 13, 2012. Disponível em: https://www.law360.com/articles/360094/beware-damage-waiver-provisions-in-m-a-agreements. Acesso em: 28 dez. 2018.

tanto, indenizáveis. É o que Glenn West denomina de "*kitchen sink approach*". Esse é o caso da inclusão de *lost profits* e *incidental damages.*

- A indenização por danos decorrentes de inadimplemento já está sujeita a uma série de limitações, conforme explicado. Nesse sentido, uma limitação com base em critérios quantitativos (*cap, basket* e *de minimis*) pode ser mais eficiente para limitar a exposição do vendedor.
- Comprador não deve aceitar a exclusão de *diminution in value* ou *multiple of earnings.*
- Partes não podem presumir que, no momento em que o contrato for objeto de um litígio, quem for interpretá-lo (seja um juiz ou um árbitro) irá entender que as partes renunciaram à regra geral de Hadley, em razão da inclusão de uma cláusula de indenização específica e detalhada, com diversas exceções e outros fatores limitadores (por exemplo, critérios quantitativos). Nesse sentido, é importante que o contrato deixe claro o regime que está sendo utilizado como base.[235]
- Prever que a exclusão de *consequential damages* não se aplica a demandas de terceiros pode ser meio-termo para as partes. Do lado do vendedor, o protege de eventuais *consequential damages* que venham a ser exigidos pelo comprador em decorrência da relação contratual entre as partes. Do lado do comprador, o protege de eventuais *consequential damages* que venham a ser exigidos por terceiros contra a sociedade-alvo ou o comprador (porém, exige que um terceiro efetivamente inicie uma demanda de indenização).

O trabalho de negociação e redação de uma *exclusion clause* não é simples. A estratégia a ser adotada, do ponto de vista do comprador ou do vendedor, depende muito do caso, da estrutura da operação, se a operação envolve a aquisição da totalidade da participação, de participação minoritária ou de participação majoritária e de quem será o beneficiário da indenização (o comprador ou a sociedade-alvo).

[235] Com relação a esse ponto, embora seja possível (ao menos em tese) renunciar contratualmente à aplicabilidade das regras de Hadley, Glenn West e Sara Duran alertam que há poucos precedentes nesse sentido, o que sugere que a indenização deve ser bem específica para atingir esse resultado (WEST, Glenn D.; DURAN, Sara G. Reassessing the "consequences" of consequential damage waivers in acquisition agreements. 63 *Business Lawyer* 777, p. 794, May 1, 2008. Disponível em: https://ssrn.com/abstract=2660962. Acesso em: 29 ago. 2017).

É importante que se tenha em mente que a utilização de termos incertos, sem definição precisa prevista em lei ou contratualmente, dificulta a interpretação do contrato no futuro. Há, no entanto, certos momentos em que a omissão com relação a um ponto em uma negociação de M&A pode ser a melhor estratégia. Esse pode ser o caso, por exemplo, de referências a *diminution in value* ou *multiple of earnings*, seja para incluir ou excluir da indenização. O trabalho do advogado de M&A demanda uma análise de quando é necessário ser descritivo e específico e quando é melhor se omitir, o que não é uma tarefa simples ou óbvia.

Coincidência ou não, é interessante observar os resultados do estudo do *Private Target Mergers & Acquisitions Deal Points Studies* realizado pelo M&A Market Trends Subcommittee do American Bar Association, a respeito da inclusão ou exclusão em contratos de M&A de indenização por *consequential damages, punitive damages* e *diminution in value.*[236] De acordo com esse estudo, a maioria dos contratos de M&A exclui expressamente *punitive damages*, mas é omisso com relação a *diminution in value*, e há uma parcela relevante (porém não majoritária) de contratos que excluem *consequential damages.*[237]

2.4. Conclusões preliminares sobre a fixação do dano em operações de M&A no Brasil

Vimos neste Capítulo 2 quais são as espécies de danos que são usualmente objeto de negociação em cláusulas de indenização de contratos de M&A no Brasil, bem como quais são os requisitos de validade para que a cláusula de limitação de responsabilidade por exclusão de danos possa ser exequível. Ademais, analisamos como funciona a prática de mercado nos países do sistema de *common law* e, em especial, nos Estados Unidos, com relação às *exclusion clauses* em operações de M&A.

[236] Resultado do estudo do American Bar Association extraído de: KRAFKA, Greg. Key trends in midstream oil and gas deals: part 2. *Law 360*, p. 4, Sept. 21, 2018. Disponível em: https://www.law360.com/articles/1082807/key-trends-in-midstream-oil-and-gas-deals-part-2. Acesso em: 28 dez. 2018.

[237] De acordo com esse estudo, foram analisados 139 contratos de M&A (incluindo operações de aquisição de ativos), dos quais: (i) com relação a *consequential damages*, 39% excluíram expressamente, 9% incluíram expressamente e 52% permaneceram silentes; (ii) com relação a *punitive damages*, 76% excluíram expressamente, 1% incluíram expressamente e 22% permaneceram silentes; e (iii) com relação a *diminution in value*, 23% excluíram expressamente, 7% incluíram expressamente e 70% permaneceram silentes.

Nesta seção, passaremos então nossas conclusões preliminares a respeito da delimitação de responsabilidade em operações de M&A: quais espécies de danos são passíveis de exclusão em contrato, em que condições podem ser excluídos e, eventualmente, incluídos e, finalmente, quais recomendações podem ser dadas para fins não apenas de redação contratual, como também para fixação de danos, considerando principalmente as lições que podem ser tomadas da experiência norte-americana.

É importante lembrar que as restrições à cláusula de limitação de indenização discutidas nesta obra se aplicam predominantemente na relação entre causador do dano e vítima. Em um processo trabalhista por dano moral, por exemplo, os pleitos realizados pelo empregado não estarão sujeitos à cláusula de limitação de responsabilidade, tendo em vista as restrições aplicáveis. O comprador e o vendedor da sociedade objeto da venda, no entanto, estão livres para pactuar entre si a alocação de riscos com relação aos custos desse processo trabalhista, isto é, quem irá arcar com esses valores e em que condições.

Foi utilizado o termo "predominantemente" no parágrafo anterior porque as limitações à indenização em operações de M&A (inclusive quantitativas) podem perder sua validade na relação entre comprador e vendedor se: (i) o vendedor atuar com dolo e, eventualmente, com culpa grave no momento da formação do contrato com o comprador ou no momento do fato lesivo causado ao comprador; ou (ii) ocorrer morte, lesão à vida ou à integridade física do comprador que seja pessoa física (ou, segundo interpretação mais restritiva, no caso de qualquer dano moral que venha a ser sofrido pelo comprador pessoa física).

Nesse contexto, vale indagar: a exclusão de determinadas espécies de danos faz sentido no contexto de uma demanda de terceiros? Em outras palavras, faz sentido que determinados danos que venham a ser pleiteados por um terceiro contra a companhia objeto da aquisição não sejam indenizados pelo vendedor (na medida em que ele esteja sujeito à indenização por violação de declarações e garantias ou por perdas cujo fato gerador seja anterior ao fechamento)? Conforme apontado na seção 2.3, a recomendação dada por autores norte-americanos foi no sentido de não aplicar a exclusão de *consequential damages* a demandas de terceiros, como um meio-termo para a aceitação de uma cláusula relacionada à exclusão de *consequential damages*.

Como mencionamos no Capítulo 1, a cláusula de indenização de contratos de M&A, ao prever que o vendedor se responsabiliza por todos os passivos ou contingências com fato gerador anterior ao fechamento, representa uma forma de assunção de obrigação de indenizar pelo vendedor, relativamente ao regime jurídico de caráter dispositivo previsto no Código Civil brasileiro. Nesse sentido, e de maneira diversa ao que foi sugerido pelos autores estrangeiros, entendemos que eventuais danos devidos a terceiros devem, sim, ser computados pelas partes na negociação a respeito da alocação de riscos da operação, delimitando o que será responsabilidade do vendedor, isto é, se o vendedor responderá por quaisquer demandas de terceiros envolvendo fatos geradores anteriores ao fechamento e em que medida (ou seja, sujeito ou não à eventual exclusão de determinadas espécies de danos como lucros cessantes que venham a ser devidos a terceiros).

Vale acrescentar que as recomendações feitas pelos autores estrangeiros, conforme indicado na seção 2.3, fazem uma ressalva: prever que a exclusão de determinada espécie de dano se aplica apenas a demandas diretas, e não a demandas de terceiros, protege o vendedor de eventuais danos que venham a ser exigidos pelo comprador em decorrência da relação contratual entre as partes, ao mesmo tempo que protege o comprador de eventuais danos que venham a ser exigidos por terceiros contra a sociedade-alvo ou contra o comprador, exigindo, porém que um terceiro efetivamente inicie uma demanda de indenização. Nesse sentido, ressalvar demandas de terceiros da cláusula de exclusão de espécies de danos não é suficiente e pode, inclusive, criar incentivos perversos para o comprador, como a não realização de alguma ação que possa mitigar as perdas para que consiga se beneficiar da indenização (assumindo, nesse caso, que não há cláusula de mitigação de perdas).

A resposta, portanto, à pergunta realizada anteriormente (a respeito da exclusão de determinadas espécies de danos em demandas de terceiros) é que depende das circunstâncias do caso concreto. A cláusula de indenização de operações de M&A deve ser preparada e analisada como um todo, considerando os elementos do caso concreto, o "texto em seu contexto",[238] a função da cláusula no contexto de uma operação de compra e venda de participação societária, os critérios que foram utilizados para fins do cálculo do preço e a alocação de riscos acordada entre as partes, a

[238] Martins-Costa, Judith. Como harmonizar os modelos jurídicos abertos com a segurança jurídica dos contratos? (Notas para uma palestra). *Revista Brasileira de Direito Civil* – RBDCivil. São Paulo, Editora Fórum, v. 5, p. 73, jul.-set. 2015.

relação contratual entre comprador e vendedor, a estrutura da operação (como percentual de participação sendo adquirido) e eventuais circunstâncias especiais.

Nesse sentido, a cláusula de limitação da indenização por espécies de danos pode estar acompanhada não apenas de limites quantitativos (como *cap*, *basket* e *de minimis*), como também de restrições à condução de processos (na possibilidade de celebrar acordos com terceiros, por exemplo) e, na posição de vendedor, de cláusula de obrigação de mitigar perdas (que será tratada em maiores detalhes a seguir). Outra possibilidade é prever limites quantitativos diferenciados para demandas diretas (entre comprador ou sociedade-alvo e vendedor) e demandas de terceiros. Apesar de não tão comum, a existência de um limite máximo (*cap*) específico para demandas de terceiros pode dar maior conforto ao vendedor e servir de contrapartida à proposta de não aplicar a exclusão de espécies de danos a demandas de terceiros.

Ultrapassado esse ponto, passaremos a analisar a referência, em cláusula de indenização, à cada espécie de dano referido nas seções 2.1 e 2.3. Apesar de os conceitos de *civil law* e *common law* tratados neste livro não serem equiparáveis, tentaremos, na medida do possível, buscar associações entre os termos utilizados no Brasil e os empregados nos Estados Unidos e na Inglaterra. Afinal, uma das formas de debater as potenciais interpretações que o Judiciário e os tribunais arbitrais podem dar é justamente buscando aproximações entre os diferentes termos nos distintos sistemas, analisando os significados nos países de origem dos termos empregados.

A exclusão de lucros cessantes da cláusula de indenização de operações de M&A é uma disposição bastante recorrente, estando sujeita aos requisitos de validade referidos anteriormente. Seu equivalente no *common law* seriam os *lost profits*, porém vale a ressalva de que, no sistema do *common law*, *lost profits* são vistos como uma subcategoria, classificados dentro da categoria de *general damages* ou de *consequential damages*.[239] Para evitar discussões a respeito da abrangência do termo e considerando que o direito brasileiro prevê um significado próprio para lucros cessantes, entendemos que contratos regidos por leis brasileiras podem fazer referência apenas

[239] WEST, Glenn D. Consequential damages redux: an updated study of the ubiquitous and problematic "excluded losses" provision in private company acquisition agreements. 70 *Business Lawyer* 971, p. 991, Jul. 21, 2015. Disponível em: https://ssrn.com/abstract=2597364. Acesso em: 29 ago. 2017.

a lucros cessantes, como a categoria autônoma que é. Quando o contrato for escrito em inglês, o termo *lost profits* pode vir acompanhado da tradução em português em itálico.

O dano decorrente da teoria da perda de uma chance, conforme explicamos no item 2.1, é reconhecido por nosso ordenamento jurídico, podendo apresentar tanto uma faceta de dano patrimonial, em especial de dano emergente, quanto uma faceta de dano extrapatrimonial. É, portanto, indenizável e pode estar sujeito à cláusula de limitação de responsabilidade (embora sua exclusão não seja tão comum quanto a exclusão de lucros cessantes). Uma ressalva sobre sua exclusão é necessária: se a perda de uma chance decorrer de falta de informação, isto é, se o vendedor deixou de fornecer informação essencial que, se tivesse sido fornecida, levaria o comprador a tomar outra decisão (de realizar determinado investimento ou, até mesmo, de prosseguir com a aquisição da empresa), então a limitação não teria validade pela ocorrência de dolo acidental.[240]

Com relação aos danos extrapatrimoniais, é importante tecer alguns comentários específicos.[241] Como visto, entendemos que danos extrapatrimoniais sofridos por pessoas jurídicas podem ser objeto de inclusão ou exclusão em cláusula de indenização em um contrato de compra e venda de participação societária, ainda que seja possível argumentar que a doutrina ou a jurisprudência predominantes não admitem, a princípio, dano moral em casos de inadimplemento contratual. Já as cláusulas de limitação de responsabilidade que excluam danos extrapatrimoniais sofridos por pessoas físicas, ainda que tais danos não envolvam morte, lesão à vida ou à integridade física, correm o risco de serem consideradas nulas, como explicamos na seção 2.2. Essa hipótese, no entanto, se aplica ape-

[240] Remetemos o exame do dolo acidental à seção 3.2 deste livro.

[241] Sobre o componente punitivo da reparação de danos extrapatrimoniais, Rafael Marinangelo destaca que "embora haja este reconhecimento do caráter punitivo da indenização por danos morais, sua aplicação é apenas subsidiária e limita-se mais ao campo teórico do que prático. Com efeito, é possível vislumbrar inúmeras referências ao caráter punitivo do dano moral nos julgados das cortes brasileiras, porém, o que se verifica, na prática, é que a suposta punição não aparece de modo claro na quantificação do valor indenizatório e, na grande maioria das vezes, sucumbe diante do receio do pretenso enriquecimento sem causa da vítima" (MARINANGELO, Rafael. A evolução da indenização por dano moral e a aplicação da indenização punitiva. *In*: LOTUFO, Renan; NANNI, Giovanni Ettore e MARTINS, Fernando Rodrigues (coord.). *Temas relevantes do Direito Civil Contemporâneo.* Reflexões sobre os 10 anos do Código Civil. São Paulo: Atlas, 2012. p. 684).

nas aos casos em que uma das partes é pessoa física (ou seja, acaba sendo mais relevante na maioria dos casos quando o comprador ou o investidor é pessoa física, já que as hipóteses de indenização em benefício do vendedor são mais limitadas).

Além da questão da própria validade da cláusula, a aceitação, pelo comprador, de uma cláusula de exclusão de danos extrapatrimoniais deve depender de uma análise de outros fatores variados, como estrutura da operação (se o comprador e o vendedor permanecerão sócios ou acionistas, conforme o caso, após o fechamento da compra e venda) e atividades desenvolvidas pela sociedade objeto da compra e venda (se envolvem contratos com setor público ou indústria, podem estar mais sujeitas a questões ambientais e *compliance*, por exemplo).

Conforme vimos na seção 2.1, nosso sistema jurídico parece recepcionar uma regulamentação mais flexível com relação à admissibilidade de um caráter exemplar da responsabilidade civil atrelado à reparação de danos extrapatrimoniais. Esse caráter exemplar não deve se confundir, no entanto, com o conceito de *punitive damages* utilizado nos países de tradição anglo-saxã.

Judith Martins-Costa e Mariana Pargendler explicam que indenizar pelo dano moral (de caráter compensatório) é diferente de adotar a doutrina dos *punitive damages.*[242] Dano moral abarca responsabilidade subjetiva e objetiva; *punitive damages*, apenas responsabilidade subjetiva e, de acordo com as autoras, esse elemento subjetivo é inafastável, sendo uma condição para a aplicação da doutrina dos *punitive damages.*[243]

[242] Com relação à quantificação dos *punitive damages*, vale apenas resgatar brevemente as lições extraídas do precedente BW *vs.* Gore, a partir do qual foram desenvolvidos três critérios para verificar se houve falta de razoabilidade na estipulação de *punitive damages*: "(i) o grau de repreensão da conduta do réu; (ii) a relação entre valor da indenização compensatória e da indenização punitiva; e (iii) a diferença entre o valor da indenização punitiva concedido pelo júri e o das penalidades civis ou criminais autorizadas ou impostas em casos semelhantes no estado" (MORAES, Maria Celina Bodin de. Punitive damages em sistemas civilistas: problemas e perspectivas. *Revista Trimestral de Direito Civil* – RTDC. Rio de Janeiro, Padma, v. 18, p. 62, abr.-jun. 2004). Ademais, a autora acrescenta que 16 estados norte-americanos estabelecem tetos máximos de *punitive damages*, normalmente até 3 vezes o valor da indenização compensatória, e que há estados que determinam que parte da indenização punitiva (entre 50% e 75%) seja destinada a fundos especiais (*Ibid.*, p. 70).

[243] MARTINS-COSTA, Judith; PARGENDLER, Mariana Souza. *Usos e abusos da função punitiva.* Punitive damages e o Direito brasileiro. *CEJ*, Brasília, n. 28, p. 24, jan./mar. 2005.

Anderson Schreiber também entende que a teoria dos *punitive damages* é incompatível com nosso sistema. Apesar de reconhecer que a doutrina majoritária no Brasil defende o duplo caráter da reparação do dano moral, o autor é contrário à defesa da reparação punitiva em ordenamentos de *civil law*, por entender que, além de os *punitive damages* terem produzido resultados negativos na experiência norte-americana, há uma incompatibilidade. O avanço da responsabilidade objetiva e as alterações da noção de culpa afastam a responsabilidade da ideia de culpabilidade, e os *punitive damages* são exatamente o oposto: amparam-se no grau de culpabilidade do agente e na ideia de reprovação moral e castigo exemplar.[244]

Ao redigir contratos de M&A regidos por leis brasileiras, portanto, é recomendado que o uso de termos como "danos punitivos", "*punitive damages*" e "indenização punitiva" sejam evitados, tendo em vista que a doutrina de *punitive damages* é apenas uma forma de justificativa para fixar valor de indenização superior à mera compensação, em casos excepcionais, que não se aplicam quando há uma relação contratual entre as partes e sem aplicação no direito brasileiro. Maria Celina Bodin de Moraes relata, inclusive, que países de sistemas civilistas (e até mesmo a Corte Europeia dos Direitos do Homem) têm dificuldades de homologar sentença estrangeira que contenha condenação por *punitive damages*.[245]

Outro dano cuja exclusão pode gerar discussões complexas é o dano indireto. Como vimos na seção 2.1, o termo possui diversos significados, e a discussão sobre sua exclusão dependerá de qual significado deve ser tomado como base. Nesse sentido, se dano indireto for compreendido como dano cujo nexo causal não seja "direto e imediato", a exclusão é até possível, mas desnecessária, porque se está excluindo algo que nosso direito já não inclui. Se o dano indireto for definido como dano reflexo ou um dano que, apesar de remoto, é consequência necessária do inadimplemento, é possível excluí-lo.

Do ponto de vista do vendedor, é compreensível a preocupação, e o próprio nome passa a impressão de que indenizar dano indireto seria indenizar um prejuízo muito remoto. Como vimos anteriormente, no entanto,

[244] SCHREIBER, Anderson. *Novos paradigmas da responsabilidade civil*: da erosão dos filtros da reparação à diluição dos danos. 6. ed. São Paulo: Atlas, 2015. p. 211-217.

[245] MORAES, Maria Celina Bodin de. *Punitive damages* em sistemas civilistas: problemas e perspectivas. *Revista Trimestral de Direito Civil* – RTDC. Rio de Janeiro, Padma, v. 18, p. 68-69, abr.-jun. 2004.

esse não é o caso, e uma parte mais desavisada poderia acabar aceitando a exclusão de dano indireto e, com isso, não ser indenizada por danos que seriam perfeitamente indenizáveis, não fosse a inclusão do termo na cláusula de limitação de responsabilidade. Nesse sentido, do ponto de vista do comprador, o melhor cenário na maioria dos casos será não fazer nenhuma menção a dano direto ou indireto.

Tendo em vista o grau de incerteza a respeito do termo, é necessário que cada parte analise, no caso concreto, se faz sentido por algum motivo específico incluir a referência ao termo danos indiretos, seja para excluí-lo da indenização, seja para incluí-lo expressamente. Se a referência ao termo for realmente necessária, a recomendação é que o contrato preveja uma definição específica sobre o que são danos indiretos naquele caso, para que fique clara a intenção das partes no momento de sua negociação.

Frequentemente usado como um sinônimo de danos indiretos, *consequential damages* e sua tradução literal em português (danos consequentes ou consequenciais) também podem ser vistos em contratos de M&A. O termo é definido como outras perdas que sejam resultantes de circunstâncias especiais da parte lesada, desde que tais circunstâncias especiais sejam previamente comunicadas à outra parte no momento da celebração do contrato e, portanto, possam ser contempladas como uma consequência provável do inadimplemento do contrato em questão. Em outras palavras, são danos que sejam resultado natural e previsível, mas não necessário do inadimplemento.

Não existe equivalente no direito brasileiro para *consequential damages*, e, como explicamos, tais danos não se confundem com danos indiretos. Dessa maneira, sua utilização em contratos regidos por leis brasileiras (seja para excluir ou incluir no escopo da indenização) não é recomendada. A inclusão do referido termo pode até mesmo ser prejudicial a ambas as partes – o comprador, de um lado, pode estar sujeito a mais exclusões do que imaginava, ao passo que o vendedor pode achar que está mais protegido do que efetivamente está, dependendo da interpretação que for dada em juízo ou em arbitragem.

Outro termo que também é usado como se fosse sinônimo ou subcategoria de *consequential damages* é *incidental damages*. *Incidental damages* são os custos adicionais incorridos após o inadimplemento em uma medida razoável para evitar a perda (ainda que sem sucesso). No direito brasileiro, essa definição se aproxima do conceito de danos emergentes. Mesmo nos países de sistema de *common law*, inclusive, são considerados *general damages*. Desse modo, ainda que sua exclusão seja válida, não faz sentido excluir *incidental damages* no *common law* e, muito menos, no *civil law*. Tampouco faria sentido incluir *incidental damages* como perdas indenizáveis em contratos regidos por leis brasileiras, tendo em vista que tais danos poderiam ser qualificados em nosso direito como danos emergentes, sendo desnecessária sua inclusão.

Por fim, as últimas espécies de danos a serem analisadas nesta seção são os chamados *diminution in value* e *multiple of earnings*, que são termos menos utilizados no Brasil do que em países de *common law*. Tais conceitos não se referem propriamente a uma espécie de dano, mas sim a uma forma de calculá-lo com base na diferença do valor para o credor da obrigação violada, isto é, é a diferença para o comprador entre o valor dos bens da forma como foi acordado que seriam entregues (conforme a declaração e garantia correspondente) e o valor dos bens que foram efetivamente entregues (e que pode ser expressa com base em um múltiplo do EBITDA, por exemplo).

Embora não configurem uma espécie de dano em si, a exclusão em contrato de sua aplicabilidade parece atender aos requisitos de validade. É importante ter em mente que, por não serem uma espécie de dano, mas sim uma forma de cálculo, são aplicáveis a qualquer tipo de dano. Nesse sentido, sua referência em contrato deve ser muito bem pensada para que não se coloque a parte credora (normalmente, o comprador) em uma situação em que sua indenização acaba sendo extremamente limitada.

No exemplo dado anteriormente, se o comprador considerou a existência de determinado contrato com cliente em sua avaliação da sociedade, a perda a ser incorrida pelo comprador caso o contrato com esse cliente seja rescindido será maior do que a receita que seria obtida pela sociedade objeto da aquisição em razão do contrato em questão. Por outro lado, a indenização pelo valor da perda calculado nas mesmas bases do preço de aquisição funciona praticamente como se fosse um ajuste de preço. Qual seria a forma apropriada de calcular o dano? E se a referência a *diminution in value* se der no sentido de prever expressamente sua aplicabilidade em vez de sua exclusão? Isso significaria que a responsabilidade seria "agravada"? Essas perguntas, bem como outros pontos relacionados ao conceito de *diminution in value*, serão discutidos em maiores detalhes no Capítulo 3.

Em resumo, a recomendação geral é a de que as cláusulas devem ser redigidas da forma mais clara e objetiva possível, para que se evite ao máximo discussões posteriores sobre os diferentes significados de um termo e suas respectivas abrangências. Caso contrário, o contrato pode acabar excluindo da indenização um dano que, de outra forma, seria indenizável, além de estar sujeito ao arbítrio dos árbitros ou do Judiciário em uma futura disputa em arbitragem ou em um processo judicial, conforme o caso. Deve-se ter em mente, ainda, que, no momento da disputa, além do "texto no contexto" a que nos referimos anteriormente, as condutas de ambas as partes serão levadas em consideração, assim como as intenções, os fatos, os indícios e o silêncio.[246]

Adicionalmente, vale considerar que a cláusula de indenização é uma tentativa de prever a extensão da indenização que pode vir a ser devida de uma parte a outra no âmbito de um contrato de M&A. A utilização de termos ambíguos, incertos ou genéricos demais pode acabar prejudicando esse objetivo.[247]

Para finalizar a discussão sobre fixação de danos em operações de fusões e aquisições no Brasil, é preciso considerar dois pontos adicionais, que podem (a depender das circunstâncias) servir como elementos para a delimitação de responsabilidade, fornecendo parâmetros para o cálculo do valor a ser indenizado. São eles: a influência do interesse positivo e do interesse negativo e o *duty to mitigate*.

Os conceitos de interesse positivo e interesse negativo, como alerta Giovanni Nanni, são frequentemente negligenciados, apesar de sua grande importância para o cálculo do montante a ser indenizado.[248] A noção de

[246] MARTINS-COSTA, Judith. Como harmonizar os modelos jurídicos abertos com a segurança jurídica dos contratos? (Notas para uma palestra). *Revista Brasileira de Direito Civil* – RBDCivil. São Paulo, Editora Fórum, v. 5, p. 73, jul.-set. 2015.

[247] WEST, Glenn D. Consequential damages redux: an updated study of the ubiquitous and problematic "excluded losses" provision in private company acquisition agreements. 70 *Business Lawyer* 971, p. 977, Jul. 21, 2015. Disponível em: https://ssrn.com/abstract=2597364. Acesso em: 29 ago. 2017.

[248] NANNI, Giovanni Ettore. A fixação do dano na jurisprudência arbitral. *Revista Brasileira de Arbitragem*, Comitê Brasileiro de Arbitragem CBAr & IOB, v. IX, n. 36, p. 7-26, 2012. Acesso *on-line* pelo Kluwer Arbitration. Como ressalta Renata Carlos Steiner, apesar de não estarem previstas expressamente na legislação brasileira, as noções de interesse positivo e interesse negativo "oferecem um adequado instrumento para compor a relação jurídica da reparação, facilitam sua compreensão e permitem bem definir o alcance do dano indenizável" (STEINER, Renata Carlos. *Interesse positivo e interesse negativo*: a reparação de danos no direito privado brasileiro. 2016. Tese (Doutorado em Direito Civil) – Faculdade de Direito, Universidade

interesse deve ser utilizada como um instrumento de conjetura para colocar uma parte lesada na situação em que estaria sem o evento lesivo, seja pela adição de um elemento positivo ou pela abstração de um elemento negativo; é a relação entre o sujeito lesado e a situação sem o evento lesivo.[249] Paulo Mota Pinto, em obra extremamente importante a respeito do tema, esclarece que:

> O interesse não se identifica, pois, com o dano (embora este corresponda ao primeiro), nem com o seu ressarcimento ou a sua medida, como se entende correntemente, por força da identificação que se generalizou na sequência da 'teoria do interesse' de Friedrich Mommsen. Para nós, é, antes, a relação entre o lesado e o estado em que estaria se não fosse o evento lesivo (que determina a obrigação de indemnizar), e, também (por metonímia), apenas o *estado* ou *situação em que o lesante estaria* se não fosse o evento, caracterizados *fundamentalmente* pela circunstância *positiva* do cumprimento, pelo facto *negativo* da não conclusão do contrato ou da falta de vinculação negocial, ou pela circunstância (negativa) da falta de suscitação e depósito da confiança.[250]

O interesse positivo, também chamado de interesse no cumprimento, busca colocar o credor na situação em que ele estaria se a obrigação inadimplida tivesse sido cumprida nos termos acordados entre as partes, colocando o lesado em um estado *ad quem*.[251] No interesse negativo (ou interesse na confiança), por outro lado, se busca colocar o credor em seu *status quo* anterior, isto é, na situação em que estaria se o contrato não tivesse sido celebrado ou se não tivesse iniciado as negociações que foram injustificadamente interrompidas ou, ainda, em outras hipóteses de responsabilidade pré-contratual, como nos casos em que há violação de dever pré-contratual de informação.[252]

de São Paulo, São Paulo, 2016, p. 107. Disponível em: http://www.teses.usp.br/teses/disponiveis/2/2131/tde-20082016-121314/. Acesso em: 3 jul. 2018).

[249] PINTO, Paulo Mota. Interesse contratual negativo e interesse contratual positivo. v. I. Coimbra: Coimbra Editora, 2008. p. 846-847.

[250] *Ibid.*, p. 842.

[251] STEINER, Renata Carlos. *Interesse positivo e interesse negativo*: a reparação de danos no direito privado brasileiro. 2016. Tese (Doutorado em Direito Civil) – Faculdade de Direito, Universidade de São Paulo, São Paulo, 2016, p. 45. Disponível em: http://www.teses.usp.br/teses/disponiveis/2/2131/tde-20082016-121314/. Acesso em: 3 jul. 2018.

[252] Esse ponto será abordado em maiores detalhes na seção 3.2, mediante a análise de um caso concreto.

Dessa maneira, Judith Martins-Costa explica que, nos termos do art. 475[253] do Código Civil, o credor pode: (i) exigir o cumprimento específico da obrigação, que, se não for mais passível de ser prestada, pode ser substituída por uma indenização por perdas e danos pelo interesse positivo; ou (ii) pleitear a resolução do contrato, recebendo de volta o que já foi pago, além de perdas e danos pelo interesse negativo.[254]

Percebe-se, portanto, que, *em geral*, o interesse positivo tem um caráter substitutivo, compreendendo prejuízos decorrentes do não cumprimento ou do cumprimento tardio ou defeituoso, ao passo que o interesse negativo tem um caráter ressarcitório (e se aplica, por exemplo, aos casos em que a confiança é frustrada).[255] O destaque ao termo *em geral* é importante, tendo em vista que a distinção entre interesse positivo e interesse negativo não é tão clara e precisa em todos os casos, na medida em que há discussões doutrinárias a respeito da possibilidade de cumulação de interesse positivo e interesse negativo em situações de resolução contratual.[256] Vale

[253] "Art. 475. A parte lesada pelo inadimplemento pode pedir a resolução do contrato, se não preferir exigir-lhe o cumprimento, cabendo, em qualquer dos casos, indenização por perdas e danos."

[254] MARTINS-COSTA, Judith. Responsabilidade civil contratual. Lucros cessantes. Resolução. Interesse positivo e interesse negativo. Distinção entre lucros cessantes e lucros hipotéticos. Dever de mitigar o próprio dano. Dano moral e pessoa jurídica. *In*: LOTUFO, Renan; NANNI, Giovanni Ettore; MARTINS, Fernando Rodrigues (coord.). *Temas relevantes do Direito Civil Contemporâneo*. Reflexões sobre os 10 anos do Código Civil. São Paulo: Atlas, 2012. p. 563.

[255] *Ibid*., p. 565.

[256] Gisela Sampaio Cruz Guedes ressalta que, embora exista uma discussão sobre a possibilidade de cumulação de interesse positivo e interesse negativo em caso de resolução contratual, a doutrina tradicional e majoritária entende que ela não é possível; na jurisprudência, no entanto, a cumulação é admitida com frequência (GUEDES, Gisela Sampaio Cruz. *Lucros cessantes*: do bom-senso ao postulado normativo da razoabilidade. São Paulo: Revista dos Tribunais, 2011. p. 134-135). Na experiência internacional, Paulo Mota Pinto afirma que a posição majoritária (no sentido de não admitir a cumulação) não é unânime e está em recuo em diversos países, como Itália, França, Áustria e Suíça (PINTO, Paulo Mota. *Interesse contratual negativo e interesse contratual positivo*. v. II. Coimbra: Coimbra Editora, 2008. p. 1654-1655). Os conceitos de interesse positivo e interesse negativo são bastante complexos. Uma análise completa do tema demandaria uma tese inteira específica, o que não cabe no presente texto. Para uma análise mais profunda, remetemos aos seguintes textos: (i) PINTO, Paulo Mota. *Interesse contratual negativo e interesse contratual positivo*. v. I. Coimbra: Coimbra Editora, 2008; (ii) PINTO, Paulo Mota. *Interesse contratual negativo e interesse contratual positivo*. v. II. Coimbra: Coimbra Editora, 2008; e (iii) STEINER, Renata Carlos. *Interesse positivo e interesse negativo*: a reparação de danos no direito privado brasileiro. 2016. Tese (Doutorado em Direito Civil)

ressaltar, ainda, que ambos os interesses podem ser compostos por danos emergentes e lucros cessantes.

Diante do exposto, ao se calcular o valor de indenização no âmbito de uma operação de M&A, é importante levar em consideração qual é o interesse do credor envolvido. Se o contrato definitivo ainda não tiver sido celebrado, o interesse do credor será negativo. Por outro lado, se o contrato definitivo já tiver sido assinado (independentemente da ocorrência ou não do fechamento da operação), o interesse do credor poderá ser tanto positivo (de cumprimento da obrigação contratual que foi inadimplida) quanto negativo (em caso de violação de dever pré-contratual, por exemplo), a depender do evento lesivo e das circunstâncias de cada caso. Nesse ponto, remetemos ao Capítulo 3, que abordará um caso prático envolvendo justamente a problemática da distinção entre interesse positivo e interesse negativo em uma operação de M&A em que houve violação de deveres pré-contratuais.

É importante considerar que, na prática, são menos frequentes os casos de operações de M&A em que o credor busca a resolução contratual quando o fechamento, isto é, a transferência de quotas ou ações, já ocorreu, tendo em vista que retornar ao *status quo* anterior pode ser um desafio, principalmente considerando a quantificação dos lucros cessantes no interesse negativo, ou seja, o que o credor deixou de auferir com a celebração do contrato (por exemplo, com outros negócios ou investimentos, inclusive financeiros). Nesse caso, o interesse negativo também contemplará indenização pelos danos emergentes incorridos pela parte (com assessores, preparação da operação, celebração do contrato, integração, entre outros).

Outro fator que pode ser relevante, para fins de quantificação do dano, é a conduta do credor. Nos países do sistema de *common law*, vigora o chamado *duty to mitigate*, por meio do qual a quantificação do dano[257] leva em consideração se a parte prejudicada tomou as medidas apropriadas para

– Faculdade de Direito, Universidade de São Paulo, São Paulo, 2016. Disponível em: http://www.teses.usp.br/teses/disponiveis/2/2131/tde-20082016-121314/. Acesso em: 3 jul. 2018.

[257] Esse ponto sobre a quantificação é relevante porque, como explica Farnsworth, a expressão *duty to mitigate* não é a mais apropriada, tendo em vista que ela não designa uma obrigação de mitigar perdas, pela qual o credor seria responsável, mas apenas implica no não recebimento, pela parte que sofreu a lesão, do valor do dano que poderia ter sido evitado (FARNSWORTH, Edward Allan. *Contracts*. 4. ed. New York: Aspen Publishers, 2004. p. 779).

reduzir a perda, como buscar outro fornecedor do equipamento quebrado para evitar que a produção fique parada.[258]

Judith Martins-Costa entende que, no Brasil, o *duty to mitigate* é um dos deveres que decorrem da boa-fé objetiva. Nesse sentido, o credor estaria ofendendo a boa-fé objetiva ao não tomar as medidas plausíveis para mitigar os danos incorridos (seja por ação ou omissão). Como ensina a autora, a recepção do *duty to mitigate* como um dever derivado da boa-fé objetiva encontra respaldo em diversas decisões judiciais, bem como no Enunciado n. 169[259] da III Jornada de Direito Civil do Conselho de Justiça Federal.[260]

Desse modo, se houver previsão expressa do dever de mitigar perdas e a parte credora não o cumprir, a parte devedora poderia pedir a redução do valor de indenização na proporção equivalente ao montante do prejuízo que poderia ter sido reduzido, mas não foi, por ação ou omissão do credor. Se não houver cláusula expressa no contrato, a parte devedora deverá demonstrar em juízo ou em arbitragem que a parte credora estava sujeita ao *duty to mitigate*, atrelando-o ao conceito da boa-fé objetiva conforme exposto, o que não necessariamente será uma tarefa simples. Vale ressalvar, ainda, que o direito brasileiro ainda não prevê uma definição clara para a cláusula de mitigação de perdas, qual é seu alcance e o que deve ser considerado como razoável. Assim, sua inclusão no contrato deve ser feita com cautela.

Este Capítulo 2 foi bastante focado na delimitação da responsabilidade em operações de M&A considerando diferentes espécies de danos e as possíveis intersecções com conceitos utilizados em países do sistema de *common law*. No Capítulo 3, a seguir, utilizando os mesmos conceitos

[258] Sobre o comparativo entre as exigências feitas pelo Judiciário nos Estados Unidos e no Brasil a esse respeito, *vide*: TIMM, Luciano Benetti. *Common law* e *contract law*: uma introdução ao direito contratual norte-americano. *In*: POSNER, Eric. *Análise econômica do direito contratual*: sucesso ou fracasso? Tradução e adaptação ao direito brasileiro: Luciano Benetti Timm, Cristiano Carvalho e Alexandre Viola. São Paulo: Saraiva, 2010. p. 106-107.

[259] "O princípio da boa-fé objetiva deve levar o credor a evitar o agravamento do próprio prejuízo."

[260] MARTINS-COSTA, Judith. Responsabilidade civil contratual. Lucros cessantes. Resolução. Interesse positivo e interesse negativo. Distinção entre lucros cessantes e lucros hipotéticos. Dever de mitigar o próprio dano. Dano moral e pessoa jurídica. *In*: LOTUFO, Renan; NANNI, Giovanni Ettore; MARTINS, Fernando Rodrigues (coord.). *Temas relevantes do Direito Civil Contemporâneo*. Reflexões sobre os 10 anos do Código Civil. São Paulo: Atlas, 2012. p. 585-587.

discutidos aqui, analisaremos um caso prático envolvendo uma discussão sobre dolo acidental, o caso Abengoa *vs.* Ometto Agrícola, e os potenciais critérios de cálculo (legais e contratuais) para a fixação de danos no direito brasileiro.

3
Análise de Caso Prático

3.1. Descrição do caso Abengoa *vs.* Ometto Agrícola

Como visto nos capítulos anteriores, a cláusula de indenização de contratos de M&A no Brasil utiliza, por diversos motivos, diferentes elementos extraídos dos modelos contratuais de países do sistema de *common law*, como EUA e Inglaterra. Nesse contexto, as cláusulas de indenização costumam fazer referência a determinadas espécies de danos sem que exista um conceito claro disposto no contrato ou na legislação brasileira com relação aos termos utilizados. Sendo assim, caberá ao intérprete do contrato (seja ele juiz ou árbitro) determinar seu significado, ainda que o próprio autor da cláusula não tenha clareza sobre sua definição, sua abrangência e sua aplicação.

A arbitragem é, atualmente, a forma de resolução de disputas empregada na maioria das operações de fusões e aquisições no Brasil, envolvendo parte estrangeira ou mesmo entre partes brasileiras. Os motivos para sua larga utilização são diversos, e a celeridade, a flexibilidade, a especialização e a confidencialidade são os aspectos mais relevantes no âmbito de operações de M&A, sem desconsiderar que, de acordo com o art. 31[261] da Lei n. 9.307/1996, a sentença arbitral é título executivo judicial e seus efeitos entre as partes e seus sucessores são os mesmos de uma sentença judicial.

A professora Selma Ferreira Lemes realizou pesquisa sobre a evolução da arbitragem no Brasil em números e valores envolvidos, com base em

[261] "Art. 31. A sentença arbitral produz, entre as partes e seus sucessores, os mesmos efeitos da sentença proferida pelos órgãos do Poder Judiciário e, sendo condenatória, constitui título executivo."

diferentes câmaras de arbitragem com sede em São Paulo, Rio de Janeiro e Belo Horizonte, no período entre janeiro de 2010 e dezembro de 2017.[262] De acordo com sua pesquisa, houve um aumento de 114,84% no número de novas arbitragens iniciadas no ano de 2017 nas câmaras pesquisadas, em comparação com o número de arbitragens iniciadas em 2010.[263]

Somado ao número de arbitragens com sede no Brasil, cuja evolução é evidenciada pela pesquisa citada, há que se considerar ainda as arbitragens com sede no exterior, referentes a contratos regidos por leis brasileiras, que estão sujeitos ao processo de homologação perante o STJ. De acordo com o Relatório Analítico – Homologação de Sentença Arbitral Estrangeira, preparado por um grupo de pesquisadores brasileiros, de 61 decisões envolvendo a homologação de sentença arbitral estrangeira, tanto pelo STJ quanto pelo Supremo Tribunal Federal (STF), proferidas entre 2008 e 2015, apenas 8 decisões negaram a homologação da sentença arbitral estrangeira, por representarem violação à ordem pública.[264]

[262] LEMES, Selma Ferreira. Arbitragem em números e valores. 2017. Disponível em: http://selmalemes.adv.br/artigos/An%C3%A1lise-%20Pesquisa-%20Arbitragens%20Ns.%20e%20Valores-%202010%20a%202017%20-final.pdf. Acesso em: 3 jan. 2019. A pesquisa considera as seguintes câmaras: Centro de Arbitragem e Mediação AMCHAM (AMCHAM), Centro de Arbitragem da Câmara de Comércio Brasil-Canadá (CAM-CCBC), Câmara de Mediação, Conciliação e Arbitragem de São Paulo (CIESP/FIESP), Câmara de Arbitragem do Mercado (CAM-BOVESPA), Câmara de Arbitragem da Fundação Getulio Vargas (CAM- FGV) e Câmara de Arbitragem Empresarial- Brasil (Camarb).

[263] Apenas entre 2016 e 2017, o número de novos processos arbitrais iniciados aumentou em 10,44%. Em termos de valores envolvidos, as arbitragens em curso em 2017 representam um valor superior a nove vezes o das arbitragens em curso em 2010. A câmara com maior número de arbitragens é o Centro de Arbitragem da Câmara de Comércio Brasil-Canadá (CAM-CCBC), que concentrou 54,20% dos procedimentos arbitrais em curso no ano de 2017, representando mais de 47,13% do valor total envolvido em todas as arbitragens em curso no mesmo ano. Curioso notar que, das arbitragens em curso da CAM-CCBC em 2017, 42,58% dos casos referiram-se a matérias societárias. Na CIESP/FIESP, que ficou em segundo lugar em número de arbitragens, as matérias mais discutidas envolvem contratos empresariais em geral (57,14% dos casos). Apesar de a pesquisa não deixar claro se matérias relacionadas a operações de M&A se encaixariam dentro de "matérias societárias" ou "contratos empresariais" é possível inferir, com base nesses percentuais, que uma parcela considerável das arbitragens em curso no Brasil provavelmente se referem, ou ao menos são decorrentes, de operações de M&A.

[264] SILVA, Rafael Bittencourt *et al.* Analytical report – recognition and enforcement of foreign awards. Arbitragem e Poder Judiciário: Pesquisa CBAr-ABEArb 2016 (2008-2015). p. 24. Acesso pelo Kluwer Arbitration. Vale acrescentar que a conclusão dos pesquisadores refletida no referido relatório é a de que os tribunais brasileiros demonstram "uma abordagem pró-arbitragem e um alto grau de tecnicidade". Como se verá ao final do Capítulo 3, o interessante

A ampla adoção da arbitragem, aliada a uma esparsa doutrina a respeito da aplicabilidade de determinados institutos do *common law* e à incompletude que é característica dos contratos de operações de fusões e aquisições, acaba por gerar um ambiente de extrema insegurança jurídica para as partes. Daí a importância da análise de precedentes arbitrais.

O precedente arbitral escolhido para se buscar entender como danos são fixados por árbitros no contexto de operações de fusões e aquisições é o caso da Asa Bioenergy Holding AG *vs.* Adriano Ometto Agrícola Ltda. e Adriano Giannetti Dedini Ometto, que ganhou bastante destaque por ter sido justamente um dos poucos casos em que o STJ negou a homologação de uma sentença arbitral estrangeira. Para fins desta obra, o caso será referido apenas como Abengoa *vs.* Ometto Agrícola.

Tendo em vista a relevância do caso, sua riqueza de detalhes e a importância dos aspectos técnicos-jurídicos, optamos por analisar o caso Abengoa *vs.* Ometto Agrícola em duas seções distintas. Nos parágrafos a seguir, descreveremos como o caso se desenvolveu e os principais fatos ocorridos, desde o processo de negociação entre as partes até o indeferimento pelo STJ do pedido de homologação das sentenças arbitrais estrangeiras, indicando os argumentos mais relevantes levantados pelas partes.[265] Na seção 3.2, faremos uma análise de tais argumentos e das decisões proferidas pelo tribunal arbitral e pelo STJ, apresentando nosso posicionamento.

No primeiro semestre de 2007, Adriano Giannetti Dedini Ometto iniciou o processo de venda do Grupo Dedini Agro, assessorado pelo Banco de Investimentos Credit Suisse (Brasil) S.A. e por Chiarottino Advogados. O Grupo Dedini Agro era formado por seis sociedades brasileiras que atuam na produção de açúcar e álcool, que eram proprietárias e operavam duas usinas sucroalcooleiras localizadas no interior do estado de São Paulo.

Após um período de cerca de três meses de auditoria e negociação, foi assinado em 4 de agosto de 2007 o Contrato de Compra e Venda de

do caso Abengoa *vs.* Ometto Agrícola é que sua análise permite justamente uma conclusão oposta, a de que os tribunais brasileiros nesse caso não demonstraram um posicionamento pró-arbitragem e não proferiram uma decisão com alto grau de tecnicidade a respeito das matérias discutidas.

265 As informações contidas nesta seção 3.1 foram obtidas com base nos autos do processo de homologação da sentença estrangeira (BRASIL. Superior Tribunal de Justiça. Sentença Estrangeira Contestada n. 9.412 – US. Rel. Ministro Félix Fischer. Brasília, DF, 19 de abril de 2017), em que constam cópias do Contrato de Compra e Venda celebrado entre as partes e das sentenças arbitrais estrangeiras objeto de discussão no acórdão do STJ.

Quotas da Adriano Ometto Participações Ltda. (*holding* do Grupo Dedini Agro) entre Adriano Giannetti Dedini Ometto, na qualidade de vendedor, ASA Bioenergy Holding A.G.,[266] na qualidade de compradora, e as demais sociedades do Grupo Dedini Agro, como intervenientes anuentes, com o garantidor, Adriano Ometto Agrícola Ltda.

Em 26 de setembro de 2007, ocorreu o fechamento da operação de compra e venda, mediante aquisição, pela ASA Bioenergy Holding A.G., da totalidade das ações de emissão do capital social da *holding* do grupo, Adriano Ometto Participações S.A. (que foi transformada em sociedade anônima entre a assinatura e o fechamento), e o pagamento do preço de aquisição.

O Contrato de Compra e Venda de Quotas prevê um preço de aquisição de US$ 327.416.756,00,[267] dos quais: (i) aproximadamente US$ 282 milhões foram pagos pela compradora ao vendedor; (ii) US$ 15,5 milhões foram depositados em conta garantia como forma de garantir eventuais indenizações que venham a ser devidas à compradora; e (iii) US$ 30 milhões foram depositados em conta garantia em benefício do vendedor, para liberação mediante constatação da disponibilidade ao final da safra de 2008/2009 de volume entre 7 e 7,2 milhões de toneladas de cana-de-açúcar pelas sociedades e por terceiros parceiros ou fornecedores das sociedades (o vendedor receberia US$ 100 por tonelada de cana-de-açúcar entre 7 e 7,2 milhões).

Ademais, o Contrato de Compra e Venda de Quotas prevê cláusula de indenização em benefício da compradora nos seguintes termos:

> 9.2 – **Indenização pelo VENDEDOR.** Observado o disposto nas Cláusulas 9.4 e 9.5 abaixo, o VENDEDOR indenizará, eximirá de responsabilidade e manterá isenta a COMPRADORA e/ou as SOCIEDADES relativamente a qualquer Prejuízo em que a COMPRADORA e/ou as SOCIEDADES venham a incorrer em razão de: (a) qualquer violação das declarações e garantias prestadas pelo VENDEDOR no presente Contrato; (b) qualquer violação de obrigação, avença ou acordo do VENDEDOR em favor da COMPRADORA, nos termos avençados neste Contrato e/ou (c) qualquer ato ou fato praticado ou

[266] Asa Bioenergy Holding A.G. é uma holding que detém os negócios do Grupo Abengoa na América do Sul e América do Norte. É uma subsidiária da Abengoa S.A., uma multinacional espanhola que atua no segmento de tecnologia, voltada à tecnologia da informação, prestação de serviços nas áreas de energia solar, bioenergia e meio ambiente, e também atividades industriais.

[267] Conforme cláusula 1.3 do Contrato de Compra e Venda de Quotas (*Ibid., loc. cit.*).

omitido ou ocorrido pelas SOCIEDADES ou pelo VENDEDOR até a Data do Fechamento, ainda que surgido ou revelado posteriormente à Data do Fechamento, que tenha sido praticado ou cometido em violação das obrigações legais, contratuais (exceto pelas cláusulas de mudança de controle de alguns contratos financeiros), ou estatutárias das SOCIEDADES e de seus administradores e que não esteja previsto nas Demonstrações Financeiras.[268]

Prejuízo: Perdas, danos, custos, despesas (inclusive, mas não se limitando a pagamentos de tributos, contribuições e passivos trabalhistas, honorários advocatícios e despesas desembolsadas razoáveis), sejam de natureza tributária, trabalhista, cível, financeira, contratual, societária, consumidor, comercial, ambiental ou de qualquer outra natureza, bem como todos os juros e multas relacionados aos itens citados, se existentes, decorrentes das hipóteses previstas na Cláusula 9.2.[269]

Entre março e agosto de 2009, a Abengoa submeteu dois pedidos de arbitragem perante a Câmara de Comércio Internacional (International Chamber of Commerce – ICC), que resultaram em dois processos arbitrais diferentes, CCI n. 16.176/JRF/CA e CCI n. 16.513/JRF/CA. Ambas as arbitragens foram conduzidas em Nova Iorque pelo mesmo tribunal arbitral, formado pelos árbitros Guilhermo Aguilar-Alvarez (sócio do King & Spalding LLP), indicado pela compradora, José Emílio Nunes Pinto (sócio do escritório José Emílio Nunes Pinto Advogados), indicado pelo vendedor, e David Rivkin (sócio do Debevoise & Plimpton), indicado pelos coárbitros para atuar como presidente do tribunal arbitral. A compradora foi assessorada nas arbitragens por Cuatrecasas, Gonçalves Pereira e pelo escritório brasileiro Sergio Bermudes Advogados; o vendedor foi assessorado por Hogan Lovells LLP e pelo escritório brasileiro Chiarottino Advogados.

Foram objeto de discussão nas duas arbitragens diversas demandas apresentadas por uma parte contra a outra. A compradora, ASA Bioenergy Holding A.G., apresentou mais de quinze demandas diferentes contra o vendedor, que, por sua vez, apresentou quatro alegações reconvencionais contra a compradora.[270]

[268] Conforme cláusula 9.2 do Contrato de Compra e Venda de Quotas (*Ibid., loc. cit.*).

[269] Conforme cláusula de definições do Contrato de Compra e Venda de Quotas (*Ibid., loc. cit.*).

[270] Em resumo, o vendedor alegou violação ao Contrato de Compra e Venda no que tange ao pagamento de ativos contingentes, bem como à substituição de garantias pessoais e reais do

Em apertada síntese, a Abengoa alegou que o vendedor omitiu e manipulou diversas informações ao longo do processo de auditoria e negociação do contrato de compra e venda, entre elas informações sobre a capacidade de moagem das usinas adquiridas, o que teria inclusive impossibilitado o aproveitamento de toda a cana ao final da safra de 2008/2009.[271] A compradora também solicitou que o vendedor se responsabilizasse por certas demandas de terceiros e alegou que o vendedor deixou de informar sobre a ocorrência (e pedir as correspondentes autorizações, nos termos acordados) de determinados eventos entre a assinatura e o fechamento, além de ter violado outras declarações e garantias e não ter cumprido determinadas obrigações contratuais.

O tribunal arbitral analisou cada alegação de maneira individual e, ao final dos processos arbitrais, apenas parte dos pedidos da Abengoa foi julgado procedente e o vendedor foi condenado ao pagamento dos seguintes valores à compradora: (i) US$ 109.437.865,73, sujeito a juros de 9% ao ano, a título de indenização; (ii) R$ 17.977.539,52, sujeito à correção pelo IGPM e juros de 1% ao mês, a título de indenização; e (iii) custas no valor total de US$ 4.574.038,40, sujeita a juros de 9% ao ano.[272] Desses valores,

vendedor e suas afiliadas, além de alegar que a compradora e as sociedades adquiridas teriam feito o vendedor incorrer em custos relacionados à investigação e à defesa de demandas de terceiros que não seriam de sua responsabilidade.

271 A Abengoa também alegou que o vendedor omitiu e manipulou informações durante a auditoria e negociação do Contrato de Compra e Venda envolvendo (i) os custos agrícolas, especificamente o desconto dado aos cultivadores de cana-de-açúcar com relação ao corte, ao carregamento e ao transporte para as usinas; e (ii) a existência de uma operação de *swap* realizada em maio de 2007, na qual o dólar acordado não estaria dentro dos parâmetros do curso ordinário dos negócios. Com relação aos custos agrícolas, o tribunal arbitral entendeu que o vendedor não divulgou adequadamente os custos com agricultura, porém ressalvou que a compradora não conseguiu apresentar as evidências necessárias e comprovar o dano sofrido. Já no caso da operação de *swap* de maio de 2007, o tribunal arbitral entendeu que o vendedor violou a boa-fé objetiva ao não informar a compradora, porém entendeu que a compradora não comprovou a ocorrência de dolo. Com fulcro na cláusula 9.2(c) do Contrato de Compra e Venda, o tribunal fixou a indenização devida à compradora no valor equivalente ao custo do cancelamento da operação de *swap* relacionado à taxa do dólar, que corresponderia às perdas efetivamente incorridas pela compradora. Nesse sentido, os danos foram fixados em US$ 9,4 milhões, que seria o valor correspondente à taxa do dólar, e a Abengoa pagou aproximadamente US$ 15,6 milhões para cancelar a operação.

272 De acordo com planilha apresentada pelo escritório de advocacia Sergio Bermudes, que representou a Abengoa no processo de homologação das sentenças estrangeiras no STJ, o

US$ 100 milhões correspondem a uma única alegação, relacionada à capacidade de moagem das usinas adquiridas que, como veremos adiante, foi justamente a questão de mérito discutida no processo homologatório entre os ministros do STJ.

De maneira bastante resumida, na sentença arbitral da CCI n. 16.513/JRF/CA, a Abengoa alegou que, de acordo com as informações fornecidas verbalmente e por escrito pelo vendedor e por seus assessores durante a auditoria e a negociação do Contrato de Compra e Venda, as duas usinas do Grupo Dedini Agro tinham capacidade de processar 6,1 milhões de toneladas de cana-de-açúcar na safra de 2007/2008 e teriam capacidade de moagem de 7,1 milhões de toneladas de cana-de-açúcar na safra de 2008/2009, considerando os investimentos já realizados pelo vendedor. Dos 7,1 milhões de toneladas, entre 6,2 e 6,4 milhões de toneladas seriam produzidas pelas usinas do grupo, e o restante seria fornecido por terceiros, por meio de *tolling agreements* com as usinas Baldin, Brunelli e Ferrari e do contrato de arrendamento com a usina Maluf.

A Abengoa alega, ainda, que o vendedor insistiu que a avaliação para a aquisição do Grupo Dedini Agro fosse baseada na capacidade de moagem, tendo em vista que essa seria a forma de avaliação mais utilizada na indústria brasileira de açúcar e álcool. Mais do que isso, o vendedor teria insistido que a oferta da compradora considerasse a capacidade de 7 milhões de toneladas. Desse modo, a Abengoa defendeu que o preço de aquisição das ações do grupo foi baseado nessa capacidade de moagem, considerando o valor médio de US$ 100 por tonelada.

A compradora informou, no entanto, que só conseguiu processar 6,1 milhões de toneladas, dos quais apenas 5,027 milhões de toneladas foram produzidas pelas duas usinas adquiridas. Dessa maneira, a Abengoa pediu indenização de US$ 100 por tonelada que deveria ter sido produzida e não foi. Alternativamente, a Abengoa solicitou o reembolso dos custos do investimento adicional que seria necessário para alcançar a capacidade de 7,1 milhões por tonelada, bem como indenização por lucros cessantes em razão da produção inferior nas safras de 2008/2009 e 2009/2010, tendo

valor total da condenação, na data de dezembro de 2012, é de R$ 389.214.361,18, com correção monetária, juros e considerando o dólar a 2,096 (BRASIL. Superior Tribunal de Justiça. Sentença Estrangeira Contestada n. 9.412 – US. Rel. Ministro Félix Fischer. Brasília, DF, 19 de abril de 2017, folha e-STJ 581).

em vista que, mesmo com os investimentos adicionais, só seria possível atingir a capacidade acordada na safra de 2010/2011.[273]

O tribunal arbitral examinou cada um dos argumentos levantados pelas partes, concluindo que as evidências do caso sugerem fortemente que o vendedor tinha a intenção de enganar a compradora com relação à capacidade das usinas, induzindo a compradora a basear seu preço em uma estimativa irreal. Os árbitros entenderam por unanimidade que o vendedor não cumpriu com seus deveres de informação, violando declarações e garantias e atuando com dolo acidental, nos termos do art. 146[274] do Código Civil. Não obstante, o tribunal entendeu que, se a compradora tivesse sido devidamente informada, a operação teria ocorrido, porém com um preço inferior (com base nas propostas apresentadas anteriormente e em troca de e-mails entre compradora e vendedor).

Conforme relatado na sentença arbitral, a forma de cálculo do preço do Grupo Dedini Agro foi bastante discutida entre as partes. A Abengoa afirmou que o preço de aquisição total foi calculado considerando um *enterprise value* de US$ 714 milhões (do qual teria sido deduzido o endividamento do grupo para chegar ao preço de US$ 327,4 milhões). O contrato, no entanto, não prevê o valor do *enterprise value*, nem tampouco quais foram os parâmetros utilizados para se chegar ao valor de US$ 714 milhões, ou, ainda, ao preço de aquisição. De outro lado, o sr. Ometto afirmou que o preço de aquisição acordado considerava a capacidade de 6,1 milhões de toneladas (e não 7,1 milhões) ao preço de US$ 112 por tonelada, o que equivaleria a um *enterprise value* de aproximadamente US$ 684 milhões.

Apesar de a redação contratual não ser clara o suficiente, diante das provas apresentadas, o tribunal arbitral utilizou como evidência da vontade das partes a referência ao valor de US$ 100 por tonelada disposto na cláusula que trata da liberação dos US$ 30 milhões depositados em conta garantia. Dessa maneira, os árbitros entenderam que o preço de aquisição foi baseado no valor de US$ 100 por tonelada, considerando uma capaci-

[273] Conforme parágrafo 129 da sentença arbitral da CCI n. 16.513/JRF/CA (ESTADOS UNIDOS. Sentença arbitral proferida pela ICC International Court of Arbitration n. 16.513/JRF/CA. Nova Iorque, 21 nov. 2011. p. 28). Não há menção aos valores equivalentes a tais custos e lucros cessantes.

[274] "Art. 146. O dolo acidental só obriga à satisfação das perdas e danos, e é acidental quando, a seu despeito, o negócio seria realizado, embora por outro modo."

dade de moagem de aproximadamente 7,1 milhões de tonelada, conforme defendido pela Abengoa.

Nesse sentido, o tribunal arbitral, por maioria de votos, fixou a indenização em US$ 100 milhões, calculados com base no dano sofrido pela compradora no momento do fechamento, ao pagar um preço por uma capacidade que não existia, isto é, US$ 100 por tonelada não produzida, considerando que a usina deixou de produzir 1 milhão de toneladas na safra de 2008/2009.

O árbitro brasileiro, José Emilio Nunes Pinto, discordou da forma de fixação da indenização defendida pelos demais árbitros.[275] Na opinião dele, a Abengoa teria que ser indenizada pelos valores incorridos com os investimentos a serem realizados nas usinas para alcançar a capacidade prometida, preservando o *status quo* e, se aplicável, conferindo-lhe indenização pelos lucros cessantes. O árbitro considerou que o princípio da reparação integral, previsto no *caput* do art. 944[276] do Código Civil, impõe que a indenização seja medida pela extensão do dano e que nosso sistema não reconhece danos futuros ou hipotéticos.

Em 2012, o vendedor tentou pleitear judicialmente, na Corte do Distrito Sul de Nova Iorque (Southern District of New York), a anulação das duas sentenças arbitrais, sob argumento de que (i) houve parcialidade do árbitro David Rivkin, presidente do tribunal arbitral, (ii) o tribunal arbitral atuou em desacordo com a lei brasileira, (iii) o tribunal arbitral não emitiu uma sentença final e definitiva e (iv) houve fraude ou meios escusos na emissão das sentenças.

Com relação à alegação de parcialidade do árbitro David Rivkin, o Judiciário norte-americano entendeu que não foram apresentadas provas suficientes de que esse árbitro sabia da existência dos demais casos em que seu escritório estava trabalhando que envolviam afiliadas da Abengoa (todos como contraparte, inclusive) e que teria sido influenciado por eles.

Com relação ao argumento de violação à lei, o vendedor alegou que o tribunal arbitral não considerou o dever de mitigação previsto na legislação brasileira e que o cálculo da indenização considerou danos futuros ou

[275] Conforme nota de rodapé n. 25 da sentença arbitral da CCI n. 16.513/JRF/CA. (ESTADOS UNIDOS. Sentença arbitral proferida pela ICC International Court of Arbitration n. 16.513/JRF/CA. Nova Iorque, 21 nov. 2011. p. 45-46).

[276] "Art. 944. A indenização mede-se pela extensão do dano."

hipotéticos, o que não é admitido no Brasil. O Judiciário entendeu que o argumento sobre o dever de mitigar não foi adequadamente apresentado ao tribunal arbitral e que, portanto, não há mérito no argumento de violação à lei. Sobre a questão dos danos hipotéticos, também se entendeu que não há mérito porque o tribunal arbitral de fato analisou a matéria e considerou que o dano se materializou no momento do fechamento, e não no futuro.

O juiz também considerou que a decisão arbitral abordou todos os pontos levantados pelo vendedor e pelo garantidor e que, portanto, foi proferida uma decisão final. Por fim, o último argumento levantado pelo vendedor está relacionado à rejeição, pelo tribunal arbitral, da admissibilidade como prova de e-mails trocados entre o advogado externo e o advogado interno da Abengoa, sob o argumento de que esses e-mails estão protegidos pelo sigilo profissional. Com relação a esse ponto, o Judiciário entendeu que esse argumento não pode ser revisado em juízo, na medida em que já foi analisado pelo tribunal arbitral.

Desse modo, o pedido de anulação das sentenças arbitrais foi negado em primeira instância em 7 de janeiro de 2013 pelo juiz Jed S. Rakoff. A decisão foi mantida em segunda instância em 7 de janeiro de 2014, mediante decisão do Tribunal Federal de Apelação do Segundo Circuito (United States Court of Appeals for the Second Circuit), composto por três juízes (Rosemary S. Pooler, Barrington D. Parker e Denny Chin). As partes foram assessoradas pelos escritórios norte-americanos Shearman & Sterling LLP (advogado da Abengoa) e Dechert LLP (advogado do sr. Ometto e da sociedade garantidora).

Em dezembro de 2012, a Abengoa entrou com o pedido de homologação das sentenças estrangeiras no STJ, enquanto tramitava o processo judicial em Nova Iorque que buscava anulação das sentenças arbitrais. O pedido de homologação foi contestado pelo sr. Ometto e a sociedade garantidora, sob praticamente os mesmos argumentos levados ao Judiciário norte-americano, quais sejam: (i) de que o presidente do tribunal arbitral atuou com parcialidade; (ii) de que o tribunal arbitral desconsiderou provas essenciais; e (iii) de que as sentenças não observaram os princípios da reparação integral e da legalidade, violando a legislação aplicável. Especificamente com relação à sentença arbitral da CCI n. 16.513/JRF/CA, sustentam que o tribunal arbitral, ao fixar indenização equivalente a 1/3 do preço de aquisição, extrapolou os limites previstos no art. 944 do Código

Civil, que não admite um caráter punitivo, e estabeleceu indenização com base em juízo de equidade.

Em 19 de abril de 2017, o STJ negou o pedido de homologação de duas sentenças arbitrais estrangeiras que condenaram Adriano Ometto Agrícola a pagar o valor total aproximado de R$ 389 milhões à Abengoa, em votação na qual apenas o Ministro Relator Felix Fischer votou em favor do deferimento do pedido de homologação.

O ministro relator Felix Fischer, ao proferir voto em favor da homologação das sentenças arbitrais, afirmou que a competência para analisar a parcialidade de juiz norte-americano em sentença proferida nos Estados Unidos, ainda que arbitral, é de competência do Judiciário norte-americano. Ademais, o ministro se manifestou no sentido de que não houve violação do devido processo legal, uma vez que ambas as partes participaram ativamente do processo arbitral e que a decisão sobre a admissibilidade de provas foi analisada tanto em sede arbitral quanto em sede judicial.

Com relação à alegada violação aos princípios da reparação integral e da legalidade, o ministro Fischer não entra no mérito do caso, afirmando que a apreciação da tese defendida pelo vendedor se confunde com o mérito da decisão arbitral, que não pode ser objeto de análise em juízo homologatório. Desse modo, o ministro entende que não há violação à ordem pública.

O Ministério Público Federal, por meio de parecer do subprocurador-geral da República, Humberto Jacques de Medeiros, também se manifestou pela procedência da homologação das sentenças arbitrais estrangeiras. De acordo com o parecer:

> 4. A análise da compatibilidade da sentença homologanda com a "ordem pública" – conceito jurídico plurissignificante – deve ser apenas a atos e efeitos jurídicos absolutamente incompossíveis com o sistema jurídico brasileiro. [...]
> 5. Se aquilo que foi decidido pela sentença arbitral pode licitamente no Brasil ser conteúdo de uma avença entre as partes, não se pode invocar a "ordem pública" para obstar a homologação da sentença arbitral, que é heterocomposição calçada na autonomia da vontade.[277]

O voto que abriu a divergência foi o do ministro João Otávio de Noronha. De acordo com o ministro, o STJ tem liberdade para realizar juízo de

[277] BRASIL. Superior Tribunal de Justiça. Sentença Estrangeira Contestada n. 9.412 – US. Rel. Ministro Félix Fischer. Brasília, DF, 19 abr. 2017, folha e-STJ 3001-3015.

valor a respeito de sentenças estrangeiras em respeito à soberania nacional. Ele afirma que houve ofensa à ordem pública porque a parcialidade do julgador, que é uma das garantias do processo legal, não foi respeitada. Ademais, defende que homologar as sentenças arbitrais em questão implicaria violação ao princípio da reparação integral e julgamento fora dos limites da convenção de arbitragem. Na opinião do ministro Noronha, o art. 944 do Código Civil exige que o dano seja efetivo, "inexistindo previsão legal que ampare a obrigação de indenizar danos eventuais ou hipotéticos", e fixar a indenização com base no preço de aquisição seria uma "distorção do sistema brasileiro de responsabilidade civil"[278] ao estabelecer indenização cujo valor supera os prejuízos efetivos incorridos pela vítima. Cita no mesmo sentido o parecer do Fábio Ulhoa Coelho, apresentado pelo vendedor.

Outro argumento trazido pelo ministro Noronha, também em referência ao parecer de Fábio Ulhoa Coelho, é o de que a redução do preço é remédio previsto na legislação brasileira para os casos de vício redibitório. Nesse sentido, para o ministro, a sentença arbitral teria violado o direito brasileiro não apenas ao não observar o princípio da reparação integral, como também ao "assegurar às requerentes o mesmo resultado econômico daquele que seria alcançado por uma ação estimatória",[279] o que não seria possível, uma vez que tal direito já teria sido alcançado pela decadência, nos termos dos art. 442[280] e 445[281] do Código Civil.

Os demais ministros acompanharam o voto do ministro Noronha no sentido da não homologação das sentenças arbitrais estrangeiras. Importante ressalvar, no entanto, que não necessariamente todos os demais ministros entenderam que houve violação ao princípio da reparação integral. A ministra Nancy Andrighi focou seu voto na questão da parcialidade do árbitro, não proferindo opinião a respeito do valor de indenização

[278] BRASIL. Superior Tribunal de Justiça. Sentença Estrangeira Contestada n. 9.412 – US. Rel. Ministro Félix Fischer. Brasília, DF, 19 abr. 2017, folha e-STJ 3265-3278.

[279] BRASIL. Superior Tribunal de Justiça. Sentença Estrangeira Contestada n. 9.412 – US. Rel. Ministro Félix Fischer. Brasília, DF, 19 abr. 2017, folha e-STJ 3265-3278.

[280] "Art. 442. Em vez de rejeitar a coisa, redibindo o contrato (art. 441), pode o adquirente reclamar abatimento no preço."

[281] "Art. 445. O adquirente decai do direito de obter a redibição ou abatimento no preço no prazo de trinta dias se a coisa for móvel, e de um ano se for imóvel, contado da entrega efetiva; se já estava na posse, o prazo conta-se da alienação, reduzido à metade."

fixado pelo tribunal arbitral. O ministro Herman Benjamin, por outro lado, afirmou que "não é fundamento para anulação da sentença arbitral o entendimento de que os árbitros decidiram mal, seja quanto aos fatos, seja quanto à aplicação do Direito".[282] Ademais, o ministro também refutou a tese de que as sentenças arbitrais foram fundamentadas na teoria dos danos punitivos do direito norte-americano, afirmando, em resumo, que não é possível negar a homologação com base no argumento de violação ao princípio da reparação integral e no julgamento sem aplicação da legislação brasileira.

3.2. Análise do caso Abengoa *vs.* Ometto Agrícola à luz do princípio da reparação integral e os parâmetros legais e contratuais para fixação de danos no direito brasileiro

O caso Abengoa *vs.* Ometto Agrícola, descrito na seção 3.1, é um caso importante, que levanta alguns pontos especialmente relevantes para operações de fusões e aquisições. Passaremos, nesta seção, a analisar os principais argumentos elencados pelos árbitros e pelos ministros no STJ com relação ao cálculo da indenização em razão da violação de deveres pré-contratuais de informação a respeito da capacidade de moagem das usinas sucroalcooleiras adquiridas pelo grupo Abengoa, apresentando nosso posicionamento a respeito do tema.

O grande argumento levantado pelo vendedor e corroborado pelo ministro Noronha, em votação do juízo homologatório das sentenças arbitrais estrangeiras, é que o valor de indenização fixado pelo tribunal arbitral viola o princípio da reparação integral e, consequentemente, viola a ordem pública. Este argumento considera que a indenização fixada pelo tribunal arbitral, ao implicar redução de 1/3 do preço de aquisição, ultrapassa a extensão dos danos efetivamente incorridos pela compradora, uma vez que preço não pode ser confundido com dano.

Inúmeras dúvidas surgem como resultado desse precedente à luz dos argumentos levantados pelo vendedor e corroborados (em maior ou menor medida) pelos ministros do STJ. Fixar os danos com base nos mesmos critérios utilizados para formação do preço de aquisição (resultando, assim, em redução do preço) viola o princípio da reparação integral? O critério

[282] BRASIL. Superior Tribunal de Justiça. Sentença Estrangeira Contestada n. 9.412 - US. Rel. Ministro Félix Fischer. Brasília, DF, 19 abr. 2017, folha e-STJ 3299-3319.

utilizado para fixação do dano configura violação à ordem pública? Se a violação de dever pré-contratual de informação tivesse ocorrido sem verificação de dolo, a indenização seria fixada de modo diferente? A sentença arbitral viola o direito brasileiro ao fixar os danos assegurando resultado econômico equivalente ao que seria obtido se o credor tivesse se utilizado do instituto do vício redibitório? Seria possível falar em caráter punitivo da indenização nesses casos?

Antes de responder a cada uma dessas respostas, vale resgatar alguns conceitos básicos sobre o princípio da reparação integral. O Código Civil brasileiro, ao dispor em seu art. 944 que a indenização se mede pela extensão do dano, tem o duplo objetivo de promover a indenização em valor que corresponda à integralidade do dano, bem como de impedir eventuais excessos na condenação.[283] É o que ensina o clássico *Tratado de Direito Privado*, de Pontes de Miranda (versão atualizada):

> O que se há de indenizar é todo o dano. Por "todo o dano" se hão de entender *o dano em si e as repercussões do dano na esfera jurídica do ofendido*; portanto, tudo que o ofendido sofreu pelo fato que o sistema jurídico liga ao ofensor. [...] Ao princípio da indenizabilidade de todo o dano junta-se o princípio da limitação da reparação do dano sofrido. Se esse princípio não existisse, o ofendido estaria satisfeito com a indenização e, injustamente, enriquecido com o valor a mais.[284] [grifo nosso]

Paulo de Tarso Sanseverino, em obra voltada à análise do princípio da reparação integral, identifica três funções fundamentais do referido princípio, quais sejam: (i) função compensatória, voltada à reparação da totalidade do dano; (ii) função indenitária, cujo objetivo é evitar o enriquecimento injustificado do lesado; e (iii) função concretizadora, para que a

[283] "O princípio da reparação integral não conduz ao despautério de uma condenação exorbitante, absurda, ou, também, mesquinha, irrisória. O que o juiz deve levar em conta, reforçado com o novo dispositivo, é a realidade da reparação integral, a consequência efetiva do ato lesivo para a vítima" (MENEZES DIREITO, Carlos Alberto; CAVALIERI FILHO, Sérgio. Da responsabilidade civil. Das preferências e privilégios creditórios. *In*: TEIXEIRA, Sálvio de Figueiredo (coord.). *Comentários ao Novo Código Civil*. v. XIII. (Art. 927 a 965). Rio de Janeiro: Editora Forense, 2004. p. 333).

[284] PONTES DE MIRANDA, Francisco Cavalcanti. *Tratado de direito privado*. t. XXVI. 1. ed. atual. Por Vilson Rodrigues Alves. § 3.111. Campinas: Bookseller, 2003. p. 70-71.

indenização, avaliada no caso concreto por um juiz, corresponda aos prejuízos reais efetivamente sofridos pelo lesado.[285]

No caso Abengoa *vs.* Ometto Agrícola, no entanto, não há o que se falar em violação ao princípio da reparação integral e, tampouco, à ordem pública, em decorrência da fixação dos danos resultantes da capacidade de moagem das usinas inferior à contratada. No caso em tela, como foi descrito com maiores detalhes na seção anterior, o preço de aquisição foi calculado considerando o valor de US$ 100 para cada tonelada de cana produzida, assumindo que as usinas tinham capacidade de moagem de aproximadamente 7,1 milhões de toneladas de cana, volume esse que foi utilizado pela compradora no cálculo do preço a pedido do vendedor, com base em informações fornecidas pelo próprio vendedor e por seus assessores.

No fechamento da operação, a compradora pagou implicitamente por algo (duas usinas com determinada capacidade de moagem, por meio de uma operação de compra e venda de ações) que não recebeu. Há, portanto, um claro prejuízo efetivamente incorrido pela compradora, correspondente ao valor do preço que foi "pago a mais". Se em casos similares a indenização for fixada de outra forma, vendedores passarão a ter, de um modo geral, incentivos para manipular informações que são utilizadas por compradores para fins do cálculo do preço de aquisição. Nesses casos, quem enriqueceria de maneira injustificada seria justamente o vendedor, e não o comprador. Não há, nesse sentido, violação das funções compensatória, indenitária e concretizadora referidas anteriormente.

Ademais, não nos parece que o caso em discussão se trate de uma questão de medir a extensão do dano, mas sim de uma análise sobre o momento da materialização do dano e os critérios para o cálculo da indenização. Ao contrário do que foi argumentado pelo vendedor, o dano atribuído à autora pelo tribunal arbitral não tem caráter hipotético. O vendedor poderia até ter afirmado que o dano era futuro e que seria materializado no momento em que a usina não conseguisse produzir a capacidade esperada, dentro do tempo esperado pela compradora. No entanto, o argumento do tribunal arbitral (com o qual concordamos) considera que o dano se materializou no fechamento, que foi o momento em que a compradora pagou o preço de aquisição em valor superior ao que deveria ser pago.

[285] Sanseverino, Paulo de Tarso Vieira. *Princípio da reparação integral*. São Paulo: Saraiva, 2010. p. 57; 76-77.

Discordamos, portanto, do argumento de que a fixação do dano com base na redução do preço viola o princípio da reparação integral. Ainda que se considerasse o critério de fixação do dano utilizado no caso Abengoa *vs.* Ometto Agrícola como uma violação ao princípio da reparação integral (o que não é o caso), entendemos que não haveria violação à ordem pública, tendo em vista que o art. 944 do Código Civil é uma norma dispositiva. Se fosse norma cogente, não seria possível tampouco limitar contratualmente a responsabilidade, o que já foi objeto de estudo nas seções 1.2 e 2.2 deste livro.

Para auxiliar a análise de qual é o critério de cálculo de indenização cabível, de modo, inclusive, a cumprir com o princípio da reparação integral, é importante recorrer aos conceitos de interesse contratual positivo e negativo.[286] Nesse sentido, a reparação integral será obtida por meio da remissão a uma situação hipotética em que não há dano, que é obtida com a aplicação dos conceitos de interesse contratual positivo e interesse contratual negativo.

O princípio da boa-fé impõe às partes de uma negociação contratual o cumprimento de deveres de proteção pré-contratuais, entre os quais se inclui o de informar, que são deveres voltados à formação do consentimento contratual, bem como de divulgar informações verdadeiras, não sendo admitidas mentiras e condutas ardilosas, ainda que não exista expressamente um dever legal ou contratual de informar.[287]

A violação de um dever de informação pré-contratual pode ser cometida com ou sem dolo. O dolo em sua conduta ativa, sendo também referido como dolo comissivo ou positivo, pode ocorrer de maneira direta (por meio de mentiras, por exemplo) ou indireta (por meio de manipulação de informações), podendo ser: (i) principal (ou causal), nos termos do art. 145[288] do Código Civil, que é aquele em que, ausente o dolo, a vítima sequer teria emitido vontade negocial, ou (ii) acidental (ou incidente), nos termos do

[286] STEINER Renata Carlos. *Interesse positivo e interesse negativo*: a reparação de danos no direito privado brasileiro. 2016. Tese (Doutorado em Direito Civil) – Faculdade de Direito, Universidade de São Paulo, São Paulo, 2016. p. 113. Disponível em: http://www.teses.usp.br/teses/disponiveis/2/2131/tde-20082016-121314/. Acesso em: 3 jul. 2018.

[287] MARTINS-COSTA, Judith. Os regimes do dolo civil no direito brasileiro: dolo antecedente, vício informativo por omissão e por comissão, dolo acidental e dever de indenizar. *Revista dos Tribunais*, n. 923, p. 115-144, set. 2012. Acesso pela RT Online, p. 5-7.

[288] "Art. 145. São os negócios jurídicos anuláveis por dolo, quando este for a sua causa."

art. 146[289] do Código Civil, que é aquele em que, ausente o dolo, o conteúdo do contrato seria diverso.

O dolo também pode ocorrer mediante omissão dolosa de informação, sendo também chamado de dolo por omissão ou omissivo, silêncio intencional ou dolo negativo.[290] O dolo por omissão é caracterizado por um silêncio consciente sobre fato ou circunstância que, se de conhecimento da outra parte, impediria a formação do contrato ou mudaria seu conteúdo, nos termos do art. 147[291] do Código Civil.

Paulo Mota Pinto ensina que, no direito português, a primeira análise que deve ser feita nos casos em que há violação de deveres pré-contratuais de informação é a verificação do que ocorreria se o evento lesivo não tivesse ocorrido, isto é, se nessa situação o contrato teria sido assinado e, caso positivo, se teria outros termos. Especificamente em operações de compra e venda de empresas, o autor defende que, nas hipóteses em que o contrato não teria sido assinado sem o evento lesivo, a indenização se dará pelo interesse negativo, visando colocar o lesado na situação em que estaria se não tivesse celebrado o contrato de compra e venda, em razão das informações reveladas. Isso significa que o contrato é resolvido e o preço, restituído.[292]

Já nos casos em que, sem o evento lesivo, o contrato teria sido assinado, porém em outros termos, o autor afirma que a indenização coloca o lesado na situação em que estaria se tivesse sido devidamente informado e, consequentemente, tivesse celebrado um negócio mais vantajoso. Há, portanto, uma modificação do negócio nesses casos, reduzindo-se o preço de aquisição, que, na opinião do autor, deve ser calculado pelo método subjetivo, isto é, pela diferença entre o preço acordado e o preço que teria sido esta-

[289] "Art. 146. O dolo acidental só obriga à satisfação das perdas e danos, e é acidental quando, a seu despeito, o negócio seria realizado, embora por outro modo."

[290] MARTINS-COSTA, Judith. Os regimes do dolo civil no direito brasileiro: dolo antecedente, vício informativo por omissão e por comissão, dolo acidental e dever de indenizar. *Revista dos Tribunais*. n. 923, p. 115-144, set. 2012. Acesso pela RT Online, p. 6.

[291] "Art. 147. Nos negócios jurídicos bilaterais, o silêncio intencional de uma das partes a respeito de fato ou qualidade que a outra parte haja ignorado, constitui omissão dolosa, provando-se que sem ela o negócio não se teria celebrado."

[292] PINTO, Paulo Mota. *Interesse contratual negativo e interesse contratual positivo*. v. II. Coimbra: Coimbra Editora, 2008. p. 1455-1456.

belecido sem o vício ou a violação dos deveres pré-contratuais (tanto nos casos em que há dolo quanto naqueles em que não há dolo).[293]

De acordo com o autor português, o interesse positivo não é aplicável nos casos em que o contrato teria sido assinado sem o evento lesivo, porém em outros termos, porque nesses casos o lesado é levado a outra situação *ad quem*, em que o contrato com o conteúdo original deixa de produzir efeitos porque há modificação do negócio. Busca-se, nesses casos, colocar o lesado na situação em que ele estaria se o contrato não tivesse sido celebrado da forma como foi, "se desde o início tivesse estipulado um contrato com o conteúdo [no caso, o preço] reduzido, tal como resulta da modificação".[294] Na opinião do jurista, portanto, o critério de cálculo do preço no interesse negativo é o impacto no preço.

No direito brasileiro, também é possível afirmar que a forma de cálculo da reparação de danos no interesse positivo e no interesse negativo são distintas. Como esclarece o clássico livro de Pontes de Miranda, *Tratado de Direito Privado* (em versão atualizada):

> Ao interesse negativo atende-se prestando-se o que o prejudicado despende com a feitura, as exigências para eficácia e fiscais, e a finalidade de adimplemento dos seus deveres, e o que perdeu com a passagem de possibilidade de outro negócio jurídico. ***Não se indeniza, aí, o que teria ganho o ofendido com a eficácia do negócio jurídico.***[295] [grifo nosso]

Judith Martins-Costa afirma que, nos casos de dolo acidental, o regime aplicável é o da responsabilidade extracontratual, pela presença de ilícito absoluto, e a indenização irá se referir à formação do contrato, contaminada por defeito ou ilicitude, não pelo inadimplemento do contrato.[296] Nesse

[293] *Ibid.*, p. 1444-1445.

[294] *Ibid.*, p. 1022-1024.

[295] PONTES DE MIRANDA, Francisco Cavalcanti. *Tratado de direito privado.* t. XXVI. 1. ed. atual. Por Vilson Rodrigues Alves. § 3.111. Campinas: Bookseller, 2003. p. 51.

[296] MARTINS-COSTA, Judith. Os regimes do dolo civil no direito brasileiro: dolo antecedente, vício informativo por omissão e por comissão, dolo acidental e dever de indenizar. *Revista dos Tribunais.* n. 923, p. 115-144, set. 2012. Acesso pela RT Online, p. 9. Em sentido similar, ao comparar dolo e erro, Humberto Theodoro Júnior afirma que dolo não é apenas um vício de consentimento, como é o caso do erro, é também ato ilícito gerador de responsabilidade civil, cuja gravidade das ações requer uma sanção maior do que a aplicável aos casos de erro (THEODORO JÚNIOR, Humberto. Dos defeitos do negócio jurídico ao final do Livro III. *In:*

sentido, de acordo com a jurista, a indenização é medida pela extensão do dano à formação do contrato provocado pelo dolo, considerando o interesse negativo, de modo a se "apagar os danos causados pela mentira".[297] A autora afirma, então, que a reparação se dará pela diferença entre o preço pago e o preço que seria pago se não fosse o dolo.

A indenização por ato ilícito absoluto em casos de dolo também é defendida no livro *Tratado de Direito Privado*, de Pontes de Miranda (versão atualizada), no qual se afirma que, se o dolo apenas afetou o preço, ele deve ser reduzido, cabendo ao autor provar que, sem o dolo, o negócio teria sido precificado de outra forma. É o que se depreende do seguinte trecho:

> O réu pode objetar que o ato jurídico, se não tivesse havido dolo, se teria concluído com outras cláusulas (*dolus incidens*, art. 93) e a indenização há de atender a isso. Se o dolo apenas influiu quanto ao preço, e.g., 2 x em vez de x, não há anulabilidade; há, tão-só, reparação, segundo o art. 93. O autor tem de provar que, sem o dolo, o outro figurante teria negociado a coisa por x. Há redução de preço, indiretamente; isso de modo nenhum se confunde com o abatimento, direto, da ação *quanti minoris*.[298]

Citando o jurista italiano Cesare Massimo Bianca, Humberto Theodoro Júnior também defende que o dano sofrido no caso de dolo acidental deve ser equivalente ao agravamento econômico resultante da conduta dolosa, fazendo referência inclusive à situação hipotética em que a parte lesada estaria se quem a lesou tivesse agido em cumprimento de seus deveres de lealdade e boa-fé (apesar de não utilizar expressamente o conceito de interesse contratual). É o que se depreende do trecho a seguir:

> No caso de dolo incidente, o dano ressarcível deve, especialmente, corresponder ao prejuízo representado pelo *menor resultado econômico do negócio*, para a parte enganada. Esse dano é retratado precisamente na constatação *da menor vantagem ou do maior agravamento econômico consequentes dos termos do*

TEIXEIRA, Sálvio de Figueiredo (coord.). *Comentários ao Novo Código Civil.* v. III, t. I (Arts. 138 a 184). Rio de Janeiro: Editora Forense, 2003. p. 123).

[297] MARTINS-COSTA, Judith. Os regimes do dolo civil no direito brasileiro: dolo antecedente, vício informativo por omissão e por comissão, dolo acidental e dever de indenizar. *Revista dos Tribunais.* n. 923, p. 115-144, set. 2012. Acesso pela RT Online, p. 9.

[298] PONTES DE MIRANDA, Francisco Cavalcanti. *Tratado de direito privado.* t. IV. 2. ed. atual. Por Vilson Rodrigues Alves. Campinas: Bookseller, 2001. p. 409-410.

contrato por efeito da manipulação dolosa. O ressarcimento, *in casu*, se adequa a critérios análogos aos que se aplicam ao inadimplemento, pois afinal o contratante de má-fé agiu com violação aos deveres de lealdade e boa-fé no ajuste do contrato. Isso se explica tendo em conta que, sem embargo da inserção dolosa da cláusula nociva, "o contrato subsiste validamente concluído, e que a vítima não reclama o prejuízo pela invalidade do contrato, mas a *falta do resultado econômico positivo que teria alcançado se a contraparte houvesse agido lealmente*".[299] [grifos nossos]

No caso Abengoa *vs*. Ometto Agrícola, o tribunal arbitral entendeu que o vendedor atuou com dolo acidental e fixou os danos causados à compradora com base no interesse negativo, isto é, no preço que seria pago pela compradora se o vendedor não tivesse violado deveres pré-contratuais de informação a respeito da capacidade de moagem das usinas sucroalcooleiras adquiridas pelo grupo Abengoa. Não houve, portanto, "distorção do sistema brasileiro de responsabilidade civil", como alegado pelo vendedor e repetido pelo ministro Noronha.

No processo arbitral que deu origem à sentença arbitral da CCI n. 16.513/JRF/CA, a Abengoa fez um pedido de indenização subsidiário, que foi inclusive defendido pelo árbitro brasileiro José Emilio Nunes Pinto na deliberação do tribunal arbitral. A compradora solicitou que, alternativamente, a indenização fosse fixada com base nos valores incorridos com os investimentos necessários para que as usinas alcancem a capacidade prometida, somado aos lucros cessantes que as sociedades adquiridas deixaram de obter em razão da capacidade inferior. Conforme descrito na nota de rodapé n. 25 da sentença arbitral da CCI n. 16.513/JRF/CA, o critério de cálculo utilizado pelo árbitro dissidente considerou os valores efetivamente desembolsados pela compradora para restaurar a capacidade de moagem das usinas, com eventuais lucros cessantes, de modo a preservar o *status quo*, conforme declarado pelo vendedor no fechamento.

A impressão que a referida nota de rodapé passa é a de que o critério de cálculo defendido pelo árbitro dissidente leva em consideração o interesse positivo, e não o negativo, por preservar os termos contratuais acordados

[299] THEODORO JÚNIOR, Humberto. Dos defeitos do negócio jurídico ao final do Livro III. *In*: TEIXEIRA, Sálvio de Figueiredo (coord.). *Comentários ao Novo Código Civil*. v. III, t. I (Arts. 138 a 184). Rio de Janeiro: Editora Forense, 2003. p. 140.

entre as partes, em cumprimento da obrigação inadimplida. Segundo os autores supracitados, no entanto, em casos de violação de dever pré-contratual, o interesse positivo não deve ser aplicável, ou então se estaria aplicando uma cláusula contratual cujo conteúdo original não deveria produzir efeitos para aquele ponto em específico.

Na ausência de violação de dever pré-contratual, por outro lado, deveria ser aplicável a responsabilidade contratual, com indenização com base em inadimplemento contratual, e não em ilicitude na formação do contrato. Nesse sentido, a indenização seria calculada pelo interesse positivo, de modo que o acordo original produza efeitos.

Dessa maneira, de acordo com a redação da cláusula 9.2 do Contrato de Compra e Venda do caso Abengoa *vs.* Ometto Agrícola (que é, inclusive, similar aos modelos de cláusulas examinadas na seção 1.2), na ausência de dolo, a compradora tem o direito de ser indenizada pelos prejuízos incorridos, ou seja, ao que foi efetivamente perdido, o que no caso em tela significaria indenizar da forma solicitada subsidiariamente pela compradora, incluindo o valor investido pela compradora para aumentar a capacidade de moagem das usinas, bem como os lucros cessantes pela capacidade inferior à contratada. Tanto seria assim que esse foi justamente o critério utilizado pelo tribunal arbitral para fixar a indenização relacionada à violação do dever de informar sobre uma operação de *swap* contratada anteriormente à assinatura.[300]

Retomando a análise do caso, o vendedor levantou mais dois argumentos de mérito para tentar anular as sentenças arbitrais. Como já referido na seção 3.1, o vendedor argumentou que a redução de preço é o remédio legal previsto para os casos de vício redibitório. Sob essa perspectiva, corroborada pelo ministro Noronha, admitir que a indenização assegure o mesmo resultado econômico de uma ação estimatória[301] representaria uma violação ao direito brasileiro. Alegou-se, ainda, que a compradora não poderia reclamar vícios redibitórios porque tal direito já teria sido alcançado pela decadência.

[300] *Vide* nota de rodapé n. 271.

[301] Também chamada de *quanti minoris*, trata-se da ação por meio da qual o autor não pretende desfazer o negócio, mas sim obter um abatimento no valor pago. Já na ação redibitória, o autor pretende o desfazimento do negócio, em razão da existência do vício redibitório; se julgada procedente, o bem retorna ao vendedor, que por sua vez tem de devolver a quantia recebida.

No caso em tela, não há que se confundir o dano sofrido pela compradora com vício redibitório. Vício redibitório, tal como previsto no art. 442[302] do Código Civil, é vício da coisa, e não de consentimento,[303] é um instituto distinto com pressupostos diferentes. A distinção entre os dois institutos também é confirmada por Pontes de Miranda, como se pode observar no trecho citado anteriormente, em que se menciona que a redução de preço no caso de dolo acidental não se confunde com o abatimento da ação *quanti minoris*.

Ademais, ainda que tivesse ocorrido vício redibitório, a decadência do direito da compradora teria que ser analisada à luz do previsto no § 1º, art. 445[304] do Código Civil, o que significa que a compradora teria 180 dias após o término da safra 2008/2009 para pleitear eventual vício redibitório.

Importante destacar, ainda, que, ao contrário do que foi defendido tanto no parecer de Fábio Ulhoa Coelho quanto no voto do ministro Noronha, o vício redibitório deve ser visto justamente como um argumento favorável à fixação do dano como base na redução do preço para os casos de vício de consentimento por dois motivos: (i) primeiro porque, como exposto anteriormente, as partes não estão restritas aos remédios previstos contratualmente nos casos em que há vício de consentimento; e (ii) segundo porque, ao estar prevista de maneira expressa em nosso Código Civil para os casos de vício redibitório, a redução de preço se torna um remédio admitido em nosso ordenamento jurídico.

Nesse sentido, entendemos que o fato de a sentença arbitral aplicar o mesmo remédio (ou o mesmo resultado econômico) que o vício redibi-

302 "Art. 442. Em vez de rejeitar a coisa, redibindo o contrato (art. 441), pode o adquirente reclamar abatimento no preço."
"Art. 443. Se o alienante conhecia o vício ou defeito da coisa, restituirá o que recebeu com perdas e danos; se o não conhecia, tão-somente restituirá o valor recebido, mais as despesas do contrato."

303 É importante reconhecer que, além de serem dois conceitos distintos, há uma grande discussão doutrinária envolvendo a aplicabilidade do vício redibitório em operações de compra e venda de participações societárias (i) apenas sobre a titularidade das quotas ou ações ou (ii) também sobre a condição da empresa adquirida.

304 "Art. 445. O adquirente decai do direito de obter a redibição ou abatimento no preço no prazo de trinta dias se a coisa for móvel, e de um ano se for imóvel, contado da entrega efetiva; se já estava na posse, o prazo conta-se da alienação, reduzido à metade. § 1º Quando o vício, por sua natureza, só puder ser conhecido mais tarde, o prazo contar-se-á do momento em que dele tiver ciência, até o prazo máximo de cento e oitenta dias, em se tratando de bens móveis; e de um ano, para os imóveis."

tório no caso em discussão não implica violação ao direito brasileiro e, tampouco, deve ser visto como um óbice à fixação dos danos com base no interesse negativo. Importante acrescentar, ainda, que as partes elegeram a arbitragem como foro, e não o Judiciário, o que significa que não haveria a possibilidade de entrar com a ação estimatória (a compradora apenas poderia, se fosse o caso, pleitear vícios redibitórios em sede de arbitragem).[305]

O argumento sobre o suposto caráter punitivo (com base na teoria de *punitive damages*) dos danos fixados no caso Abengoa *vs.* Ometto Agrícola, para tentar anular as sentenças arbitrais, também não tem cabimento. Não apenas as sentenças arbitrais não mencionam, em momento algum, que a fixação dos danos levou em consideração um caráter punitivo, como também o caráter exemplar que nosso ordenamento parece recepcionar para a reparação de danos extrapatrimoniais não deve se confundir com o conceito de *punitive damages*. Como foi exposto no Capítulo 2 deste livro, o direito norte-americano não aplica o conceito de *punitive damages* a relações contratuais. Os árbitros não teriam, portanto, nenhum argumento que poderia ser trazido de seu sistema jurídico de formação, o *common law*, para utilizar essa teoria na fixação dos danos do caso Abengoa *vs.* Ometto Agrícola.

Desse modo, entendemos que não devem prosperar os argumentos apresentados no âmbito do juízo homologatório do caso Abengoa *vs.* Ometto Agrícola, a respeito da fixação do valor da indenização devida pelo vendedor à compradora em decorrência da capacidade inferior de moagem das usinas adquiridas.

Respondidas as perguntas colocadas no início e analisados os argumentos levantados pelo vendedor e pelo STJ, vale analisar a decisão do STJ de não homologação das sentenças arbitrais estrangeiras do caso Abengoa *vs.* Ometto Agrícola do ponto de vista de suas implicações à forma com a qual as cláusulas de indenização em contratos de M&A são usualmente redigidas. Nesse sentido, a interpretação dada pelo STJ ao princípio da reparação integral é um precedente desfavorável à aplicação da cláusula de *diminution in value*, que foi discutida no Capítulo 2 deste livro.

[305] Vale destacar que há quem defenda que vícios redibitórios não se aplicam a operações de alienação de controle. Esse é o posicionamento de Evandro Fernandes de Pontes em: PONTES, Evandro Fernandes de. *Representations & warranties no direito brasileiro*. São Paulo: Almedina, 2014. p. 120-123.

A cláusula de *diminution in value*, no entanto, não deve ser considerada uma violação ao princípio da reparação integral e, ainda que seja, as partes de um contrato de M&A têm autonomia privada para contratar e dispor sobre os critérios de cálculo de uma eventual indenização. Sobretudo em negócios jurídicos complexos, como contratos de M&A, os termos e condições contratuais refletem a alocação de riscos que foi acordada entre partes sofisticadas e podem implicar estruturas de responsabilidade variadas.

Nesse sentido, uma responsabilidade mais restrita do vendedor após o fechamento (como a chamada porteira fechada)[306] irá impactar o preço de aquisição, uma vez que o comprador deverá considerar em sua avaliação as contingências materializadas e não materializadas da sociedade objeto da compra e venda. A responsabilidade mais ampla do vendedor, por outro lado, permite que o preço de aquisição seja maior, já que o comprador poderá contar com o respaldo do vendedor em determinados eventos relacionados ao período pré-fechamento, ainda que venham a se materializar após o fechamento.[307] Como se pode observar, os modelos de responsabilidade previstos em contratos de M&A têm como base uma negociação efetiva entre as partes, que devem ser livres para alocar os riscos da forma que lhe convierem.

Dessa maneira, a cláusula de indenização deve ser interpretada com a cláusula de preço de aquisição. Em especial, deve-se interpretar a forma de cálculo do preço de aquisição com a cláusula de indenização para que não exista "sobreposição" de responsabilidades para o vendedor, isto é, que ele não seja responsabilizado duas vezes, primeiro no preço de aquisição e depois na indenização.

Se o objetivo das partes for utilizar o critério do *diminution in value* em determinada indenização que venha a ser devida no âmbito de uma operação de M&A, recomendamos que a cláusula de indenização inclua uma previsão expressa nesse sentido. Como é possível depreender tanto do voto do ministro Noronha quanto do voto do árbitro brasileiro, mesmo

[306] Entendemos como "porteira fechada" a operação de M&A em que o vendedor ou o acionista/sócio original não se responsabiliza por nenhum dano que o comprador/investidor ou a sociedade objeto de aquisição/investimento possa vir a sofrer.

[307] Para uma descrição das possíveis estruturas de responsabilidade em operações de compra e venda de sociedades, *vide*: HALEMBECK, Luiz Fernando Amaral. Compra e venda de sociedades fechadas. *In*: ROVAI, Armando Luiz; MURRAY NETO, Alberto. *As sociedades por ações na visão prática do advogado*. Rio de Janeiro: Elsevier, 2010. p. 157-159.

nos casos de dolo acidental o entendimento da doutrina e da jurisprudência não é pacífico.

Se a intenção das partes, por outro lado, for proibir o uso do critério do *diminution in value*, o ideal é que o contrato de M&A contenha previsão expressa nesse sentido. Vale ressalvar, no entanto, que, em casos de dolo acidental, como o caso em análise, o regime de responsabilidade aplicável é o extracontratual e, consequentemente, o vendedor poderá estar sujeito ao pagamento de indenização considerando o critério do *diminution in value*, como já discutido, tornando sem efeitos uma eventual cláusula que exclua expressamente o critério de *diminution in value*.

Se não existir previsão expressa, seja para inclusão ou proibição do uso do critério do *diminution in value* (e assumindo não se tratar de um caso de dolo acidental, o que já foi discutido nos parágrafos anteriores), o critério de cálculo da perda dependerá da forma como a cláusula de indenização tiver sido estruturada contratualmente.

Para auxiliar a interpretação contratual, também recomendamos que o contrato contenha previsão específica sobre os parâmetros e a forma de cálculo do preço de aquisição, seja por meio de uma descrição nos considerandos do contrato, seja por meio de uma cláusula específica ou de um anexo. No caso Abengoa *vs.* Ometto Agrícola, o critério utilizado foi a capacidade de moagem, que é a forma utilizada pelo setor sucroalcooleiro. Em outros casos, é possível que o critério seja um determinado múltiplo de EBITDA, que, multiplicado pelo valor efetivo do EBITDA em determinado período e deduzido do endividamento, resulte no valor do preço de aquisição acordado entre as partes.

Não há uma fórmula mágica que seja aplicável a todas as operações de M&A, tendo em vista que a melhor forma de estruturar uma operação depende do caso a caso, dos critérios utilizados para a avaliação da empresa, da forma do ajuste de preço pós-fechamento, bem como de eventuais peculiaridades aplicáveis a cada mercado.

CONCLUSÕES

Buscamos, na presente obra, analisar de maneira crítica as principais questões jurídicas envolvidas na redação de cláusulas de indenização em operações de M&A no Brasil, do ponto de vista de delimitação da indenização prevista contratualmente que venha a ser devida pelo vendedor com base na exclusão ou na inclusão de determinadas espécies de danos, bem como de determinação de parâmetros legais e contratuais para o cálculo do valor da indenização.

A cláusula de indenização que costuma estar presente em contratos de M&A no Brasil é objeto de extensa negociação entre as partes, sendo resultado de determinada forma de alocação de riscos, que envolve, em especial, as hipóteses de indenização e as limitações de responsabilidade. Nesse sentido, além da indenização genérica por violação de obrigação contratual, é comum a inclusão em contratos de M&A de duas hipóteses específicas de indenização: indenização por perdas decorrentes de violação ou imprecisão de declarações e garantias, bem como indenização por perdas decorrentes de atos, fatos e omissões referentes a passivos ou contingências com fato gerador anterior ao fechamento da operação. Com isso, o vendedor assume a responsabilidade sobre passivos anteriores ao fechamento (em contrapartida, muito provavelmente, de um aumento no preço de aquisição), o que denominamos como uma espécie de "agravamento de responsabilidade", na medida em que o regime geral jurídico brasileiro não atribuiria tal responsabilidade ao vendedor.

A responsabilidade do vendedor por passivos anteriores ao fechamento não é, no entanto, ilimitada. Os contratos de M&A também costumam prever a exclusão expressa de algumas espécies de danos, de modo semelhante à prática verificada em países que adotam o sistema de *common law*, além de limites quantitativos (teto de indenização, piso e valor mínimo individual). Entre tais espécies de danos, é comum encontrar a exclusão de lucros cessantes, perda de uma chance, danos extrapatrimoniais e danos indiretos. Tais exceções inspiram-se nas exclusões de "*consequential damages*", "*loss of profits*", "*punitive damages*", entre outras, que são frequentemente previstas em contratos regidos por leis de países do *common law*.

De maneira geral, a doutrina e a jurisprudência no Brasil e no exterior tendem a aceitar cláusulas de não indenizar, desde que sejam observados determinados requisitos de validade que, exceto pelo primeiro item listado a seguir, são itens bastante genéricos e aplicáveis a negócios jurídicos como um todo. Tais requisitos de validade, aplicáveis para cláusulas de limitação de indenização em operações de M&A, são os seguintes: (i) o vendedor não pode ter atuado com dolo ou, a depender da interpretação dada, com culpa grave no processo de formação do contrato e no momento do fato lesivo; (ii) a limitação não pode violar a ordem pública e as normas cogentes; (iii) a limitação não pode incidir sobre dano moral causado a pessoa física que acarrete morte, lesão à vida ou à integridade física ou, dependendo da interpretação, a limitação não pode incidir sobre qualquer dano moral causado a pessoa física; e (iv) a limitação não pode incidir sobre a obrigação principal do negócio jurídico, segundo a posição majoritária, conforme explicado na seção 2.2 anterior.

Como mencionamos ao longo desta obra, as cláusulas de indenização de operações de M&A no Brasil são incompletas, ao fazer referência a determinadas espécies de danos que (i) não possuem significado técnico previsto de maneira expressa em nosso ordenamento jurídico (como a exclusão de danos indiretos) ou, ainda, (ii) são utilizadas em países de sistema de *common law* e, consequentemente, possuem características e significados próprios distintos (como é o caso de referências aos termos *consequential damages*, *punitive damages* e suas mais diversas traduções em contratos regidos por leis brasileiras).

A teoria econômica sugere que contratos são incompletos por diversos motivos, que incluem: a análise de custos de transação *ex ante* e *ex post*, a racionalidade limitada do ser humano, que impede as partes de identificarem e negociarem todas as possíveis situações que podem vir a ocorrer no âmbito de cada relação jurídica, bem como questões estratégicas (isto é, quando a parte que detém mais informações opta por agir de modo oportunista, deixando lacunas intencionalmente).

Além da incompletude, o mercado de operações de M&A no Brasil se desenvolveu de modo que algumas práticas reiteradas se tornaram aceitáveis para as partes. Esse é o caso da delimitação da indenização por meio da inclusão de determinados elementos (como a hipótese genérica de indenização por passivos anteriores ao fechamento) e da exclusão de outros (como limites quantitativos, temporais e exclusão de espécies de danos). Apesar de ser uma prática reiterada, não necessariamente é a prática que reflete da forma mais adequada o desejo das partes, e é importante que sejam estimuladas reflexões para que esse modelo possa ser sempre aprimorado.

Com esse contexto em mente, buscamos no campo da economia comportamental justificativas para a grande relutância em se prever contratualmente uma disposição divergente ao que é previsto no regime legal dispositivo aplicável (como o princípio da reparação integral), ou até mesmo a proposição de cláusulas contratuais diferentes em comparação ao que é usualmente utilizado no âmbito de determinada área, tendo em vista a importância que costuma ser atribuída ao que é considerado prática de mercado em negociações de contratos de M&A.

Como resultado, concluímos que a economia comportamental de fato contribui bastante no debate, ao explicar a influência exercida pelo viés cognitivo das partes e dos advogados. O viés do *status quo*, o efeito âncora e o efeito de conformidade desenvolvidos no campo da economia comportamental evidenciam que as pessoas (i) têm uma clara preferência pela manutenção do estado presente, (ii) são influenciados por suas referências iniciais e (iii) se importam em estar em conformidade com o entendimento de um grupo de pessoas.

Findo esse percurso, é possível concluir que a arquitetura contratual usualmente aplicada em operações de fusões e aquisições no Brasil é, em grande medida, decorrente de uma grande assimetria de informações entre as partes, um aspecto que permeia todo o processo de negociação, bem como de vieses comportamentais e da racionalidade limitada do ser humano.

Do ponto de vista econômico, o papel da cláusula de indenização em operações de M&A é o de corrigir falhas de mercado (como aponta Ronald Gilson), quais sejam: (i) o problema de seleção adversa decorrente da assimetria informacional antes do fechamento da operação, a respeito da qualidade do ativo objeto da negociação, e (ii) o problema de risco moral decorrente da assimetria informacional após o fechamento, a respeito de riscos que não eram de conhecimento das partes no momento, ou mesmo de riscos que venham a ser alterados em decorrência de condutas oportunistas do comprador.

Considerando que grande parte dos contratos de M&A estão sujeitos a arbitragem, os advogados da área acabam muitas vezes sem ter acesso a processos envolvendo direito à indenização e, consequentemente, à interpretação que é dada pelos árbitros aos termos que são comumente utilizados. A falta de uma "jurisprudência arbitral" aliada a vieses comportamentais das partes e dos próprios advogados, como mencionado, pode causar uma situação de extrema insegurança jurídica: o vendedor acredita que está mais protegido do que efetivamente está, ao passo que o comprador acredita que seu direito de indenização é menos restritivo do que parece.

Enquanto a "jurisprudência arbitral" não é desenvolvida, os operadores do direito terão que contar com outros critérios nas escolhas envolvendo o mecanismo de resolução de disputas, como uma análise de custos entre as diferentes câmaras ou outros fatores subjetivos.[308] As escolhas realizadas pelas partes envolvendo o meio de solução de disputas são extremamente importantes porque impactam diretamente na fixação de danos, que começa a ser realizada muito antes da sentença arbitral. Começamos a fixar os danos na negociação do conteúdo do contrato, dos termos utilizados (como o uso de termos de direito alienígena), da lei aplicável e do mecanismo de resolução de disputas.[309]

Na própria negociação da cláusula arbitral, é importante considerar alguns aspectos específicos, como o local da sede da arbitragem e a forma de composição do tribunal arbitral. Como é possível depreender da análise do caso Abengoa *vs.* Ometto Agrícola, observado no Capítulo 3, a sede da arbitragem no exterior[310] pode gerar algumas implicações específicas, especialmente para fins de execução da sentença arbitral, podendo impac-

[308] Questões como celeridade da câmara e matérias de especialização são fatores que costumam ser considerados pelos advogados na escolha da câmara arbitral, o que reforça não apenas a necessidade de uma jurisprudência arbitral, capaz de fornecer outros elementos de escolha às partes, como também a importância de pesquisas como a de Selma Ferreira Lemes, referida na seção 3.1 deste livro.

[309] Nanni, Giovanni Ettore. A fixação do dano na jurisprudência arbitral. *Revista Brasileira de Arbitragem*, Comitê Brasileiro de Arbitragem CBAr & IOB. v. IX, n. 36, p. 7-26, 2012. Acesso *on-line* pelo Kluwer Arbitration.

[310] Principalmente quando há partes estrangeiras, é comum ouvir o discurso de partes estrangeiras de que Nova Iorque seria um "território neutro" como sede de arbitragem.

tar, inclusive, na celeridade do processo. A escolha do árbitro também é um fator que influencia na análise do caso. Um árbitro oriundo de um país do sistema de *common law* pode ter que se apoiar muito nos pareceres que forem apresentados pelas partes e acabar criando uma interpretação para um termo que não necessariamente é a mais apropriada no direito aplicável.[311] Esse seria o caso, por exemplo, de um árbitro entender que lucros cessantes estariam excluídos do cálculo do valor da indenização em razão da existência de cláusula de limitação de indenização por *consequential damages*. Consequentemente, a escolha do árbitro deve considerar todos os fatores envolvidos, o objetivo pretendido e a matéria em discussão.

A análise do precedente Abengoa *vs.* Ometto Agrícola no Capítulo 3 permite concluir que a interpretação dada pelo STJ ao princípio da reparação integral é um precedente desfavorável à aplicação da cláusula de *diminution in value*, que foi discutida no Capítulo 2 deste livro. A cláusula de *diminution in value*, no entanto, não deve ser considerada uma violação ao princípio da reparação integral – e, ainda que seja, as partes de um contrato de M&A têm autonomia privada para contratar e dispor sobre os critérios de cálculo de uma eventual indenização. Sobretudo em negócios jurídicos complexos, como contratos de M&A, os termos e condições contratuais refletem a alocação de riscos que foi acordada entre partes sofisticadas e podem implicar estruturas de responsabilidade variadas.

Realizamos uma série de recomendações a respeito da redação de cláusulas de delimitação de indenização por meio da exclusão ou inclusão de espécies de danos,[312] bem como da redação de cláusulas que contemplem ou proíbam o cálculo da indenização com base no critério de *diminution in value*.[313] O trabalho de negociação e redação de tais cláusulas não é simples. A estratégia a ser adotada, do ponto de vista do comprador ou do vendedor, depende muito do caso a caso, da estrutura da operação, se a operação envolve a aquisição da totalidade da participação, de participa-

311 Giovanni Nanni recomenda, inclusive, que sejam indicados árbitros oriundos de países de origem de *civil law* para casos regidos por leis brasileiras, tendo em vista a diferença na formação de advogados nos países do sistema de *common law* e também por um "aspecto de diversidade cultural" (Nanni, Giovanni Ettore. A fixação do dano na jurisprudência arbitral. *Revista Brasileira de Arbitragem*, Comitê Brasileiro de Arbitragem CBAr & IOB. v. IX, n. 36, p. 7-26, 2012. Acesso *on-line* pelo Kluwer Arbitration).

312 Remetemos neste ponto à seção 2.4.

313 Remetemos neste ponto à seção 3.2.

ção minoritária ou de participação majoritária e de quem será o beneficiário da indenização (o comprador ou a sociedade-alvo).

Em resumo, a recomendação geral é a de que as cláusulas devem ser redigidas da forma mais clara e objetiva possível, de modo a evitar a utilização de termos ambíguos, incertos ou genéricos demais, para que se evite ao máximo discussões posteriores sobre os diferentes significados de um termo e suas respectivas abrangências. Caso contrário, o contrato pode acabar excluindo da indenização um dano que, de outra forma, seria indenizável, além de estar sujeito ao arbítrio dos árbitros ou do Judiciário em uma futura disputa em arbitragem ou em um processo judicial, conforme o caso.

Deve-se ter em mente, ainda, que, no momento da disputa, além do "texto no contexto" a que nos referimos anteriormente, as condutas de ambas as partes serão levadas em consideração, assim como as intenções, os fatos, os indícios e o silêncio.[314] Tendo em vista o problema do risco moral, entender a dinâmica do sistema de indenização em nosso ordenamento jurídico é fundamental para que se possa delimitar contratualmente a indenização que venha a ser devida pelo vendedor. Não há, infelizmente ou felizmente para nós, advogados, uma fórmula mágica ou única que seja aplicável a todas as operações de M&A.

Não tivemos a pretensão nesta obra de esgotar todos os temas ora abordados e apresentar soluções para todos os problemas identificados. A própria dinâmica da área e a necessidade de flexibilidade das partes não possibilitariam que uma solução única fosse sempre adotada. Esperamos, contudo, que este livro possa contribuir de maneira prática com o campo das operações de M&A no Brasil, auxiliando profissionais da área e estimulando não apenas reflexões jurídicas sobre as estruturas contratuais adotadas usualmente na área de fusões e aquisições, como também o desenvolvimento de novos mecanismos ou o aprimoramento dos existentes.

[314] MARTINS-COSTA, Judith. Como harmonizar os modelos jurídicos abertos com a segurança jurídica dos contratos? (Notas para uma palestra). *Revista Brasileira de Direito Civil* – RBDCivil. São Paulo, Editora Fórum, v. 5, p. 73, jul.-set. 2015.

REFERÊNCIAS

ALVIM, Agostinho. *Da inexecução das obrigações e suas consequências.* 5. ed. São Paulo: Saraiva, 1980.

ASSIS, Araken de. Liquidação do dano. *Revista dos Tribunais,* n. 759/1999, p. 11-23, jan. 1999. São Paulo: RT, acesso pela RT Online.

AYRES, Ian; GERTNER, Robert. Filling gaps in incomplete contracts: an economic theory of default rules. *The Yale Law Journal,* v. 99, n. 1, p. 87-100, out. 1989.

AZEVEDO, Antonio Junqueira de. Cláusula cruzada de não indenizar (*cross waiver of liability*), ou cláusula de não indenizar com eficácia para ambos os contratantes. Renúncia ao direito de indenização. Promessa de fato de terceiro. Estipulação em favor de terceiros. *In*: AZEVEDO, Antonio Junqueira de. *Estudos e pareceres de direito privado.* São Paulo: Editora Saraiva, 2004.

AZEVEDO, Antonio Junqueira de. Nulidade de cláusula limitativa de responsabilidade em caso de culpa grave. Caso de equiparação entre dolo e culpa grave. Configuração da culpa grave em caso de responsabilidade profissional. *In*: AZEVEDO, Antonio Junqueira de. *Novos estudos e pareceres de direito privado.* São Paulo: Editora Saraiva, 2009.

AZEVEDO, Antonio Junqueira de. Por uma nova categoria de dano na responsabilidade civil: o dano social. *In*: AZEVEDO, Antonio Junqueira de. *Novos estudos e pareceres de direito privado.* São Paulo: Editora Saraiva, 2009. p. 377-384.

BANDEIRA, Luiz Octávio Villela de Viana. *As cláusulas de não indenizar no direito brasileiro.* São Paulo: Almedina, 2016.

BENACCHIO, Marcelo. Inadimplemento das obrigações. *In*: LOTUFO, Renan; NANNI, Giovanni Ettore (coord.). *Obrigações.* São Paulo: Atlas, 2011. p. 542-570.

BIANCA, C. Massimo. *Diritto Civile,* v. V. ristampa settembre 2004. Milano: Giuffrè Editore, 1994.

BIANCA, C. Massimo. Commentario del Codice Civile a cura di Antonio Scialoja e Giuseppe Branca. *Dell'inadempimento dele obbligazioni.* Art. 1218-1229. Bologna: Nicola Zanichelli Editore, 1967, p. 397 *apud* FERNANDES, Wanderley. *Cláusulas de exoneração e de limitação de responsabilidade.* São Paulo: Saraiva, 2013.

BOTREL, Sérgio. *Fusões e aquisições.* São Paulo: Editora Saraiva, 2012.

BRASIL. Superior Tribunal de Justiça. Sentença Estrangeira Contestada n. 9.412 – US. Rel. Ministro Félix Fischer. Brasília, DF, 19 de abril de 2017.

BRASIL. Superior Tribunal de Justiça. REsp 1.350.267/MA, Rel. Ministro Ricardo Villas Bôas Cueva, Terceira Turma, julgado em 19/03/2015, DJe 09/06/2015.

BRASIL. Superior Tribunal de Justiça. AgRg no AREsp 413.378/RS, Rel. Ministra Maria Isabel Gallotti, Quarta Turma, julgado em 18/11/2014, DJe 09/06/2015.

BRASIL. Superior Tribunal de Justiça. REsp 1347136/DF, Rel. Ministra Eliana Calmon, Primeira Seção, julgado em 11/12/2013, DJe 07/03/2014.

BRASIL. Superior Tribunal de Justiça. EDcl no AgRg nos EDcl no REsp 790.903/RJ, Rel. Ministra Maria Isabel Gallotti, Quarta Turma, julgado em 05/12/2013, DJe 10/02/2014).

BRASIL. Superior Tribunal de Justiça. REsp 1.190.180/RS, Rel. Ministro Luís Felipe Salomão, Quarta Turma, julgado em 16/11/2010, DJe 22/11/2010.

BRASIL. Superior Tribunal de Justiça. REsp 993.936/RJ, Rel. Ministro Luis Felipe Salomão, Quarta Turma, julgado em 27/03/2012, DJe 09/06/2015. REsp 1.750.233/SP, Rel. Ministra Nancy Andrighi, Terceira Turma, julgado em 05/02/2019, DJe 08/02/2019.

BRASIL. Tribunal de Justiça do Estado de São Paulo, Apelação cível n. 0008118-67.2012.8.26.0220, Comarca de Guaratinguetá, 3ª Vara, julgada em 26/03/2015.

BRASIL. Tribunal de Justiça do Estado de São Paulo, Apelação cível n. 440.315.4/1-00, Comarca de São Paulo, julgada em 29/07/2008.

Carnaúba, D. A. A responsabilidade civil pela perda de uma chance: a técnica na jurisprudência francesa. *Revista dos Tribunais*, v. 101, n. 922, p. 139-171, ago. 2012.

Cavalieri, Sérgio. *Programa de responsabilidade civil.* 12. ed. rev. ampl. São Paulo: Atlas, 2015.

Chartier, Yves. *La réparation du préjudice dans la responsabilité civile.* Paris: Dalloz, 1983, n. 35 *apud* Pereira, Caio Mário da Silva. *Responsabilidade civil.* 10. ed. rev. atual. por Gustavo Tepedino. Rio de Janeiro: GZ Editora, 2012.

Cordero-Moss, Giuditta. *Boilerplate clauses, international commercial contracts and the applicable law.* New York: Cambridge University Press, 2011.

Couto e Silva, Clovis V. do. O conceito de dano no Direito brasileiro e comparado. *In*: Fradera, Vera Maria Jacob de (org.). *O Direito Privado brasileiro na visão de Clóvis do Couto e Silva.* Livraria do Advogado: Porto Alegre, 1997.

Dantas, San Tiago. *Programa de direito civil.* v. II. Rio de Janeiro: Editora Rio, 1978.

Dias, José de Aguiar. *Da responsabilidade civil.* v. II. 10. ed. Rio de Janeiro: Forense, 1995.

Dias, José de Aguiar. *Cláusula de não indenizar*: chamada cláusula de irresponsabilidade. 3. ed. rev. Rio de Janeiro: Forense, 1976.

ESTADOS UNIDOS. Sentença arbitral proferida pela ICC International Court of Arbitration n. 16.176/JRF/CA. Nova Iorque, 21 de novembro de 2011.

ESTADOS UNIDOS. Sentença arbitral proferida pela ICC International Court of Arbitration n. 16.513/JRF/CA. Nova Iorque, 21 de novembro de 2011.

Farnsworth, Edward Allan. *Contracts.* 4. ed. New York: Aspen Publishers, 2004.

Fernandes, Wanderley. *Cláusulas de exoneração e de limitação de responsabilidade.* São Paulo: Saraiva, 2013.

Forgioni, Paula A. A interpretação dos negócios empresariais no Novo Código Civil Brasileiro. *Revista de Direito Mercantil, Industrial, Econômico e Financeiro*, n. 130, p. 7-37, abr.-jun. 2003.

Gilson, Ronald J. Value creation by business lawyers: legal skills and asset pricing. *The Yale Law Journal*, v. 94, n. 2, dez. 1984.

GOLDBERG, Victor. Consequencial damages and exclusion clauses. The Center for Law and Economic Studies of Columbia University School of Law. Working paper n. 582, Mar. 20, 2018. Disponível em SSRN: https://papers.ssrn.com/sol3/papers.cfm?abstract_id=3141440. Acesso em: 5 abr. 2018.

GOMES, Orlando. *Obrigações*. 17. ed. Rio de Janeiro: Forense, 2008.

GONDIM, Glenda Gonçalves. A teoria da perda de uma chance e sua aplicação no direito brasileiro. *Revista dos Tribunais*, v. 101, n. 922, p. 620, ago. 2012.

GILMORE, Grant. *The death of contract*. Edited and with a foreword by Ronald K. L. Collins, 2nd ed. Columbus, USA: Ohio State University Press, 1995.

GROSDIDIER, Pierre. Direct and consequential damages in contract disputes. *Law 360*. Nov. 3, 2011. Disponível em: https://www.law360.com/articles/283053/direct-and-consequential-damages-in-contract-disputes. Acesso em: 28 dez. 2018.

GUEDES, Gisela Sampaio Cruz. *Lucros cessantes*: do bom-senso ao postulado normativo da razoabilidade. São Paulo: Revista dos Tribunais, 2011.

GUEDES, Gisela Sampaio Cruz. *O problema do nexo causal na responsabilidade civil*. Rio de Janeiro: Renovar, 2005.

HALEMBECK, Luiz Fernando Amaral. Compra e venda de sociedades fechadas. *In*: ROVAI, Armando Luiz; MURRAY NETO, Alberto. *As sociedades por ações na visão prática do advogado*. Rio de Janeiro: Elsevier, 2010.

JACKSON, Howell E. *et al*. *Analytical methods for lawyers*. 2nd ed. New York: Foundation, 2011, p. 47-55 e 61-110.

KAHAN, Marcel; KLAUSNER, Michael. *Path dependence in corporate contracting*: increasing returns, herd behavior and cognitive biases. Washington University Law Quarterly, v. 74, n. 2, 1996.

KLAUSNER, Michael. A brief overview of the "deals" framework. Manuscrito não publicado, 2015.

KRAFKA, Greg. Key trends in midstream oil and gas deals: part 2. *Law 360*, Sept. 21, 2018. Disponível em: https://www.law360.com/articles/1082807/key-trends-in-midstream-oil-and-gas-deals-part-2. Acesso em: 28 dez. 2018.

LAUTENSCHLEGER JR, Nilson. Limitação de responsabilidade na prática contratual brasileira – permite-se no Brasil a racionalização dos riscos do negócio empresarial? *Revista de Direito Mercantil*, n. 125, p. 7-24, abr./jun. 2002.

LEMES, Selma Ferreira. Arbitragem em números e valores. 2017. Disponível em: http://selmalemes.adv.br/artigos/An%C3%A1lise-%20Pesquisa-%20Arbitragens%20Ns.%20e%20Valores-%202010%20a%202017%20-final.pdf. Acesso em: 3 jan. 2019.

LITTLE, Robert B.; BABCOCK, Chris. Beware damage waiver provisions in M&A agreements. *Law 360*, July 13, 2012. Disponível em: https://www.law360.com/articles/360094/beware-damage-waiver-provisions-in-m-a-agreements. Acesso em: 28 dez. 2018.

LOPEZ, Teresa Ancona. Princípios contratuais. *In*: FERNANDES, Wanderley (coord.). *Fundamentos e princípios dos contratos empresariais*. 2. ed. São Paulo: Saraiva, 2012.

MARINANGELO, Rafael. A evolução da indenização por dano moral e a aplicação da indenização punitiva. *In*: LOTUFO, Renan; NANNI, Giovanni Ettore; MARTINS, Fernando Rodrigues (coord.). *Temas relevantes do Direito Civil Contemporâneo*. Reflexões sobre os 10 anos do

Código Civil. São Paulo: Atlas, 2012. p. 669-701.

MARINO, Francisco Paulo de Crescenzo. Perdas e danos. *In*: LOTUFO, Renan; NANNI, Giovanni Ettore (coord.). *Obrigações*. São Paulo: Atlas, 2011. p. 653-685.

MARTINS-COSTA, Judith. Os regimes do dolo civil no direito brasileiro: dolo antecedente, vício informativo por omissão e por comissão, dolo acidental e dever de indenizar. *Revista dos Tribunais*, n. 923, p. 115-144, set. 2012. Acesso pela RT Online.

MARTINS-COSTA, Judith. Responsabilidade civil contratual. Lucros cessantes. Resolução. Interesse positivo e interesse negativo. Distinção entre lucros cessantes e lucros hipotéticos. Dever de mitigar o próprio dano. Dano moral e pessoa jurídica. *In*: LOTUFO, Renan; NANNI, Giovanni Ettore; MARTINS, Fernando Rodrigues (coord.). *Temas relevantes do direito civil contemporâneo*. Reflexões sobre os 10 anos do Código Civil. São Paulo: Atlas, 2012. p. 559-595.

NANNI, Giovanni Ettore; MARTINS, Fernando Rodrigues. *A boa-fé no direito privado*: critérios para a sua aplicação. São Paulo: Marcial Pons, 2015.

NANNI, Giovanni Ettore; MARTINS, Fernando Rodrigues. Um aspecto da obrigação de indenizar: notas para uma sistematização dos deveres pré-negociais de proteção no direito civil brasileiro. *Revista dos Tribunais*, n. 867, jan. 2008. p. 11-51. Acesso pela RT Online.

NANNI, Giovanni Ettore; MARTINS, Fernando Rodrigues. Os danos à pessoa no direito brasileiro e a natureza de sua reparação. *In*: MARTINS-COSTA, Judith (org.). *A reconstrução do direito privado*. São Paulo: Editora RT, 2002. p. 408-446.

NANNI, Giovanni Ettore; MARTINS, Fernando Rodrigues; PARGENDLER, Mariana Souza. Usos e abusos da função punitiva. Punitive damages e o Direito brasileiro. *CEJ*, Brasília, n. 28, p. 15-32, jan./mar. 2005.

NANNI, Giovanni Ettore; MARTINS, Fernando Rodrigues. Como harmonizar os modelos jurídicos abertos com a segurança jurídica dos contratos? (Notas para uma palestra). *Revista Brasileira de Direito Civil* – RBDCivil, v. 5, jul.-set. 2015. São Paulo: Editora Fórum, 2015. p. 71-81.

NANNI, Giovanni Ettore; MARTINS, Fernando Rodrigues. Do inadimplemento das obrigações. *In*: TEIXEIRA, Sálvio de Figueiredo (coord.). *Comentários ao Novo Código Civil*. v. V, Tomo II (arts. 389-420). Rio de Janeiro: Editora Forense, 2004.

MAZEAUD, Henri; MAZEAUD, Leon. *Traité théorique et pratique de la responsabilité civile délictuelle et contractuelle*. Tome III. 4. ed. Paris: Librairie du Recueil Sirey, 1947-1950.

MENEZES DIREITO, Carlos Alberto; CAVALIERI FILHO, Sérgio. Da responsabilidade civil. Das preferências e privilégios creditórios. *In*: TEIXEIRA, Sálvio de Figueiredo (coord.). *Comentários ao Novo Código Civil*. v. XIII (Arts. 927 a 965). Rio de Janeiro: Editora Forense, 2004.

MICHAUD, Anne. Mitigation of damage in the context of remedies for breach of contract. *Revue Generale de Droit*, v. 15, n. 2, p. 293-340, 1984.

MONTEIRO, António Pinto. *Cláusulas limitativas e de exclusão de responsabilidade civil*. 2. reimpr. Coimbra: Almedina, 2011.

MONTEIRO, António Pinto. A indenização por danos não patrimoniais em debate: também na responsabilidade contratual? Também a favor das pessoas jurídicas? *Revista Brasileira de Direito Civil* – RBDCivil. São Paulo, Editora Fóru, v. 5, p. 109-129, jul.-set. 2015.

MORAES, Maria Celina Bodin de. *Danos à pessoa humana:* uma leitura civil-constitucional dos danos morais. Rio de Janeiro: Renovar, 2003.

MORAES, Maria Celina Bodin de. Punitive Damages em sistemas civilistas: problemas e perspectivas. *Revista Trimestral de Direito Civil* – RTDC. Rio de Janeiro, Padma, v. 18, p. 45-78, abr.-jun. 2004.

NANNI, Giovanni Ettore. A fixação do dano na jurisprudência arbitral. *Revista Brasileira de Arbitragem,* Comitê Brasileiro de Arbitragem CBAr & IOB, v. IX, n. 36, p. 7-26, 2012. Acesso *on-line* pelo Kluwer Arbitration.

NORONHA, Fernando. *Direito das obrigações.* 3. ed. rev. e atual. São Paulo: Saraiva, 2010.

PARGENDLER, Mariana. O direito contratual comparado em nova perspectiva: revisitando as diferenças entre os sistemas romano-germânico e de common law. *Revista Direito GV.* São Paulo, v. 13, n. 3. set./dez. 2017. Disponível em http://www.scielo.br/scielo.php?script=sci_arttext&pid=S1808-24322017000300796&lng=pt&nrm=iso&tlng=pt. Acesso em: 20 fev. 2018.

PARGENDLER, Mariana. The role of the state in contract law. *The Yale Journal of International Law,* v. 43, n. 143, 2018. Disponível em: https://cpb-us-w2.wpmucdn.com/campuspress.yale.edu/dist/8/1581/files/2018/02/143_The-Role-of-the-State-in-Contract-Law-2416e28.pdf. Acesso em: 19 jan. 2019.

PEEL, Edwin. The common law tradition: application o boilerplate clauses under English law. *In:* CORDERO-MOSS, Giuditta. *Boilerplate clauses, international commercial contracts and the applicable law.* New York: Cambridge University Press, 2011. p. 129-178.

PEREIRA, Caio Mário da Silva. *Responsabilidade civil.* 10. ed. rev. atual. por Gustavo Tepedino. Rio de Janeiro: GZ Editora, 2012.

PEREIRA, Caio Mário da Silva. *Instituições de Direito Civil.* v. II, 26. ed. Rio de Janeiro: Ed. Forense, 2014.

PEREIRA, Caio Mário da Silva. *Obrigações e contratos:* pareceres de acordo com o Código Civil de 2002. Parecer 4. Rio de Janeiro: Forense, 2011.

PERES, Fábio Henrique. *Cláusulas contratuais excludentes e limitativas do dever de indenizar.* São Paulo: Quartier Latin do Brasil, 2009.

PINTO JUNIOR, Mário Engler. Importação de modelos contratuais. *Valor Econômico,* 27 set. 2013. Disponível em: https://www.valor.com.br/legislacao/3285322/importacao-de-modelos-contratuais. Acesso em: 7 ago. 2018.

PINTO, Paulo Mota. *Interesse contratual negativo e interesse contratual positivo.* v. I. Coimbra: Coimbra Editora, 2008.

PINTO, Paulo Mota. *Interesse contratual negativo e interesse contratual positivo.* v. II. Coimbra: Coimbra Editora, 2008.

PONTES DE MIRANDA, Francisco Cavalcanti. *Tratado de direito privado.* t. I. atualizado por Judith Martins-Costa; Jorge Cesa FERREIRA da Silva; Gustavo Haical. São Paulo: Editora RT, 2012.

PONTES DE MIRANDA, Francisco Cavalcanti. *Tratado de direito privado.* t. IV. 2. ed. Rio de Janeiro: Borsói, 1954.

PONTES DE MIRANDA, Francisco Cavalcanti. *Tratado de direito privado.* t. IV. 2. ed. atual. Por Vilson Rodrigues Alves. Campinas: Bookseller, 2001.

PONTES DE MIRANDA, Francisco Cavalcanti. *Tratado de direito privado.* t. XXVI. 1. ed. atual. Por Vilson Rodrigues Alves. Campinas: Bookseller, 2003.

PONTES, Evandro Fernandes de. *Representations & warranties no direito brasileiro*. São Paulo: Almedina, 2014.

POSNER, Eric A. Analysis of contract law after three decades: success or failure? *The Yale Law Journal*. v. 112, n. 4, p. 829-880, jan. 2003.

POTHIER, R. J. Oueuvres *apud* ALVIM, Agostinho. *Da inexecução das obrigações e suas consequências*. 5. ed. São Paulo: Saraiva, 1980.

PRATA, Ana. *Cláusulas de exclusão e limitação da responsabilidade contratual*. Coimbra: Livraria Almedina, 1985.

PÜSCHEL, Flávia P.; PRADO, Viviane Muller. Teoria da perda de uma chance e indenização de investidores pelo mecanismo de ressarcimento de prejuízos da BM&F BOVESPA Supervisão de Mercado – BSM. *Revista de Direito Civil Contemporâneo*. v. 9, p. 159-184, out.-dez. 2016. Acesso pela RT Online.

SANSEVERINO, Paulo de Tarso Vieira. *Princípio da reparação integral*. São Paulo: Saraiva, 2010.

SAVI, Sérgio. *Responsabilidade civil por perda de uma chance*. São Paulo: Atlas, 2006.

SCHÄFER, Hans-Bernd; OTT, Claus. *The economic analysis of civil law*. Northampton, MA: Edward Elgar Publishing, 2004.

SCHREIBER, Anderson. *Novos paradigmas da responsabilidade civil*: da erosão dos filtros da reparação à diluição dos danos. 6. ed. São Paulo: Atlas, 2015.

SCOTT, Robert E.; TRIANTIS, George G. Anticipating litigation in contract design. *The Yale Law Journal*, v. 115, n. 4, p. 814-879, jan. 2006.

SILVA, Rafael Bittencourt; LUÍS, Daniel Tavela *et al*. Analytical report – recognition and enforcement of foreign awards. *Arbitragem e Poder Judiciário*: Pesquisa CBAr-ABEArb 2016 (2008-2015). p. 24. Acesso pelo Kluwer Arbitration.

SILVA, Rafael Peteffi da. *Responsabilidade civil pela perda de uma chance*. São Paulo: Atlas, 2007.

SMITH, Edward P.; NARVAEZ, J. Patrick. Lost profit waivers – beware unintended consequences. *Law 360*, May 14, 2014. Disponível em: https://www.law360.com/articles/537633/lost-profit-waivers-beware-unintended-consequences. Acesso em: 28 dez. 2018.

SMITH, Laurence M. Diminution in value indemnification: is it worth the fight? Spring 2011. Disponível em: https://www.csglaw.com/B8D11B/assets/files/News/diminution_in_value_indemnification_the_journal_of_private_equity_spring_2011.pdf. Acesso em: 17 nov. 2018.

STEINER, Renata Carlos. *Interesse positivo e interesse negativo*: a reparação de danos no direito privado brasileiro. 2016. Tese (Doutorado em Direito Civil) – Faculdade de Direito, Universidade de São Paulo, São Paulo, 2016. Disponível em: http://www.teses.usp.br/teses/disponiveis/2/2131/tde-20082016-121314/. Acesso em: 3 jul. 2018.

THEODORO JÚNIOR, Humberto. Dos defeitos do negócio jurídico ao final do Livro III. *In*: TEIXEIRA, Sálvio de Figueiredo (coord.). *Comentários ao Novo Código Civil*. v. III, t. I (Arts. 138 a 184). Rio de Janeiro: Editora Forense, 2003.

TIMM, Luciano Benetti. Common law e contract law: uma introdução ao direito contratual norte-americano. *In*: POSNER, Eric. *Análise econômica do direito contratual*: sucesso ou fracasso? Tradução e adaptação ao direito brasileiro: Luciano Benetti Timm, Cristiano Carvalho e Alexandre Viola. São Paulo: Saraiva, 2010. p. 79-109.

WEST, Glenn D. Consequential damages redux: an updated study of the ubiquitous and problematic "excluded losses" provision in private company acquisition agreements. 70 *Business Lawyer* 971, July 21, 2015. Disponível em: https://ssrn.com/abstract=2597364. Acesso em: 29 ago. 2017.

WEST, Glenn D.; DURAN, Sara G. Reassessing the "consequences" of consequential damage waivers in acquisition agreements. 63 *Business Lawyer* 777, May 1, 2008. Disponível em: https://ssrn.com/abstract=2660962. Acesso em: 29 ago. 2017.

WEST, Glenn D.; SHAH, Kim M. Debunking the myth of the sandbagging buyer: when sellers ask buyers to agree to anti-sandbagging clauses, who is sandbagging whom? *The M&A Lawyer*, v. 11, p. 3-7, jan. 2007.